6 von der

icher Genehmigung

Nachdrucks und der foto-

N

Bildnachweis
Alle Bilder von Iris Endisch mit Ausnahme der Seite
dpa Picture-Alliance GmbH (Uwe Zucchi).
Das Bild auf Seite 67 oben links erscheint mit freunc
Robert Colnagos.

Übersetzungen
Anni Carroy-Schwarz (französisch)
Wolfgang Wollek (englisch)

1. Auflage 2011
Alle Rechte vorbehalten, auch die des auszugsweiser
mechanischen Wiedergabe.
Layout und Satz: Sabine Laubig, Berlin
Buchbinderische Verarbeitung: Büge, Celle
Druck: Thiele & Schwarz, Kassel
© Wartberg Verlag GmbH & Co. KG
34281 Gudensberg-Gleichen, Im Wiesental 1
Telefon: 05603/9 30 50, www.wartberg-verlag.de
ISBN: 978-3-8313-2327-2

Vorwort

Die Norddeutschen haben ihre Ebenen und Küsten unter einem weiten Himmel, die Rheinländer den majestätischen Vater Rhein, die Pfälzer ihre sonnenverwöhnten Weinberge und die Bayern die stolzen Alpen, und alle können große urbane Zentren vorweisen, deren Einwohner nach Millionen zählen.
Die Menschen in Nordhessen können nicht mit spektakulären Merkmalen ihrer Lebens- und Umwelt dienen, dafür aber mit einer der schönsten Mittelgebirgslandschaften Deutschlands. Die waldreiche Region mit ihren anmutigen Höhen und Tälern und den heimeligen Fachwerkstädtchen strahlt eine stille, schlichte Schönheit aus.
Statt Gleichförmigkeit bietet sie einen bunten Wechsel im Landschaftsbild. Von „hessischer Kuppenwirtschaft" sprechen manche, worin auch ein Stück Fröhlichkeit mitschwingt. Dabei weist die Region durchaus auch gewichtige Gebirgszüge auf, so im Osten den Hohen Meißner, im Süden den Knüll, im Westen das Waldecker Upland und im Norden den Reinhardswald.

Viele architektonische und kunsthistorische Kostbarkeiten bergen die Städte, allen voran die Nordhessen-Kapitale Kassel. Und überaus geschichtsträchtig ist das Land, siedelten doch hier nachweisbar schon vor tausenden von Jahren Menschen, später Kelten und die germanischen Chatten. Die machten übrigens die Völkerwanderung nicht mit, und auch heute noch sagt man den Nordhessen eine starke Verbundenheit mit ihrer Heimat nach. Die ist ihnen umso liebenswerter, als hier die Wurzeln der Grimm'schen Märchen liegen, entstanden aus den Erzählungen der Märchenfrau Dorothea Viehmann und aus Mythen und Sagen der Region.

Dieser Bildband lädt Sie zu einer Rundreise durch das kurhessische Bergland ein. Das Buch mag bei dem einen oder anderen Betrachter den Entschluss auslösen, einmal mit eigenen Augen das Land zwischen Fulda, Werra, Eder, Diemel und Weser zu erkunden.

Jürgen Nolte

Preface

The North Germans have their plains and coasts under a wide sky, the people of the Rhineland have the majestic Father Rhine, the inhabitants of the Palatinate have their sun-spoilt vineyards, and the Bavarians have their impressive Alps, and all of them boast big urban centres with a millionfold population.
The people of North Hesse cannot supply spectacular characteristics of their lives and environment, but they have one of the most beautiful areas of the low mountain range in Germany. The densely wooded region including its graceful hills and valleys and the cosy towns with half-timbered houses shows a quiet, modest beauty.
Instead of uniformity It offers a colourful change of the landscapes. Some people call it "Hessian hilltop economy", what displays a certain sense of humour. Nevertheless, this region shows considerable mountain ranges indeed, like Hoher Meißner in the east, the Knüll in the south, Waldecker Upland in the west, and Reinhardswald in the north.

Numerous architectural and art-historical treasures are to be discovered in the towns, above all the North Hessian capital of Kassel. More than that, this country is extremely history-laden, because men settled there even thousands of years ago, followed by the Celts and the Germanic Chatti. By the way, those ones did not join the migration of peoples, and still nowadays, the North Hessians are considered to have a deep attachment to their home country. They love it even more, because the roots of the Grimm brothers' tales are to be found there, originating from the stories of tale woman Dorothea Viehmann as well as from the myths and legends of this area.

This photo book likes to invite you to a tour across the hilly countryside of Hesse. Maybe the book will induce some of its readers to explore the country between the rivers of Fulda, Werra, Eder, Diemel, and Weser with their own eyes.

Jürgen Nolte

Préface

Les Allemands du nord ont leurs plaines,leurs côtes et leur horizon infini, les Rhénans leur Père Rhin majestueux, les Palatins leurs vignobles ensoleillés, les Bavarois leurs Alpes fières et tous possèdent de grands centres urbains dont les habitants se comptent par millions.
Les habitants du nord de la Hesse n'ont rien de spectaculaire à proposer sinon l'un des plus beaux paysages de moyenne montagne d'Allemagne.
De cette région riche en forêts, avec ses vallées et ses monts engageants et ses jolies petites villes à colombages,se dégage une beauté simple et tranquille.
Son paysage n'est pas uniforme mais d'une grande variété. Certains parlent parfois avec un peu d'humour des rondeurs hessoises, pourtant la région ne manque pas de chaînes de montagne d'envergure tels le Hoher Meißner à l'est, le Knüll au sud, le Waldecker Upland à l'ouest et le Reinhardswald au nord.

Dans le domaine de l'architecture et de l'histoire de l'art, ses villes - à commencer par Kassel, la capitale du nord de la Hesse – recèlent de trésors.
Et le pays est extrêmement riche en histoire puisqu'on a des preuves de peuplement humain remontant à des milliers d'années; plus tard vinrent s'installer des Celtes et le peuple germanique des Cattes. Ces derniers n'ont d'ailleurs pas participé aux grandes migrations et l'on prête aujourd'hui encore aux habitants du nord de la Hesse un fort attachement à leur terre natale. Ils y tiennent d'autant plus que c'est là que sont les racines des contes de Grimm dont l'origine remonte aux récits de la conteuse Dorothea Viehmann et à des mythes et légendes de la région.

Cet ouvrage illustré vous invite à une promenade à travers cette région et décidera peut-être l'un ou l'autre de ses lecteurs à découvrir de ses propres yeux ce pays situé entre Fulda, Werra, Eder, Diemel et Weser.

Jürgen Nolte

Kassel – Residenzstadt im Grünen

Sie nennt sich „documenta-Stadt“, besitzt eine weltberühmte Gemäldegalerie, ist Hauptstadt der Deutschen Märchenstraße und eingebettet in eine der schönsten Mittelgebirgslandschaften Deutschlands: Kassel, die frühere Landgrafen-Residenz im nördlichen Teil Hessens. Die erste urkundliche Erwähnung stammt aus dem Jahr 913, als hier der befestigte Königshof „Chasalla“ stand. In den folgenden Jahrhunderten bescherten kunstsinnige und baulustige Landesfürsten der Stadt einen breit gefächerten kulturellen Reichtum. Der wohl bedeutendste war Landgraf Karl, in dessen Regierungszeit (1677–1730) unter anderem die Karlsaue mit der Orangerie und der Bergpark Wilhelmshöhe mit Herkules und Kaskaden entstanden. Er nahm mehrere Tausend Hugenotten auf, Glaubensflüchtlinge aus Frankreich, und errichtete für sie mit der Oberneustadt ein eigenes Wohnquartier.
In den Bombennächten des Zweiten Weltkrieges beinahe dem Erdboden gleichgemacht, präsentiert sich Kassel heute wieder als eine Stadt im Grünen, durchzogen von Luftschneisen und umrahmt von Bergkuppen und tiefen Wäldern.

Kassel – a capital with green surroundings

It is called “documenta city“, it boasts a world-renowned art gallery, it is the capital of the German Fairy Tale Route, and it is embedded in one of Germany’s most beautiful areas of the low mountain range: Kassel, the former residence of the landgraves in the northern part of Hesse. Its first documented mentioning dates back to the year 913, when the fortified king’s court “Chasalla” was located there. In the subsequent centuries, sovereigns that loved art and architecture created a broadly diversified cultural riches of the city. The most important one was probably Landgrave Karl, during whose reign (1677-1730) the park of Karlsaue with the Orangery as well as Bergpark Wilhelmshöhe including the Hercules statue and the Cascades were constructed. He received several thousands of Huguenots, religious refugees from France, and he had built for them Oberneustadt (new upper town), their own quarter of residence. After Kassel was nearly completely destroyed in the bomb nights of World War II, it can present itself today as a city with green surroundings, traversed by fresh air corridors and framed by hilltops and deep forests.

Kassel – Ville princière entourée de verdure

Elle s’appelle «ville de la documenta», possède une galerie de peinture célèbre dans le monde entier, est la capitale de la Route allemande des contes et est entourée d’un des plus beaux paysages de moyenne montagne d’Allemagne: Kassel, l’ancienne résidence des landgraves située dans le nord de la Hesse. Elle a été mentionnée pour la première fois en 913 alors que se dressait ici encore le palais royal fortifié de «Chasalla». Pendant les siècles suivants, des princes bâtisseurs et amateurs d’art ont enrichi la ville de nombreux trésors culturels. Le plus importants d’entre eux était le landgrave Charles sous le règne (1677-1730) duquel le parc de la Karlsaue - avec son orangerie- et le parc de Wilhelmshöhe – avec sa statue d’Hercule et ses cascades- ont été réalisés. Il a donné refuge à plusieurs milliers de huguenots qui avaient été forcés de quitter la France en raison de leur foi et a fait édifier pour eux le quartier de l’Oberneustadt. Presque entièrement rasée pendant les bombardement de la Seconde Guerre mondiale, la ville de Kassel se présente aujourd’hui de nouveau comme une ville entourée de verdure, percée de corridors climatiques et encadrée par des sommets de montagne et des forêts profondes.

Fridericianum

Mit den documenta-Ausstellungen ist Kassel alle fünf Jahre das internationale Zentrum der zeitgenössischen Kunst. Ein zentraler Ausstellungsort ist das 1779 errichtete Fridericianum am Friedrichsplatz.

Due to the documenta exhibitions, Kassel has been the centre of contemporary art every five years. One of the central places of exhibition is museum Fridericianum, erected in 1779 and located at square Friedrichsplatz.

Avec les expositions de la documenta, Kassel est tous les cinq ans le centre international de l’art contemporain. Le bâtiment principal de l’exposition est le Fridericianum de la place Friedrichsplatz édifié en 1779.

Orangerie

Die Orangerie in der Karlsaue diente den hessischen Landgrafen als Gewächshaus und Sommerresidenz. Heute beherbergt der Barockbau von 1710 ein Museum für Astronomie und Technikgeschichte.

The Orangery of the Karlsaue park served as a greenhouse and as summer residence of the Hessian landgraves. Nowadays, the Baroque building of 1710 houses a museum of astronomy and technical history.

L'orangerie du parc de la Karlsaue servait aussi de résidence d'été aux landgraves de Hesse. Ce bâtiment baroque de 1710 abrite aujourd'hui un musée de l'Astronomie et de la Technique.

Bergpark Wilhelmshöhe

Der Bergpark Wilhelmshöhe gilt als der größte seiner Art in Europa. Eine Attraktion sind die Wasserspiele, die auf den Kaskaden unterhalb der Herkules-Statue beginnen und unweit des Schlosses mit einer 60 Meter hohen Fontäne enden.

Bergpark (mountain park) Wilhelmshöhe is considered the largest of its kind in Europe. One attraction are the water games that start on the cascades below the Hercules statue and they end with a 60-metre-high fountain not far from the castle.

Le parc de Wilhelmshöhe passe pour le plus grand de ce genre en Europe. Parmi ses attractions, on trouve les jeux d'eau qui commencent aux cascades en contrebas de la statue d'Hercule et finissent leur course non loin du château avec un jet d'eau de 60 mètres de hauteur.

Herkules

Der Herkules hoch über der Stadt am westlichen Rand des Bergparks ist das Wahrzeichen Kassels. Er ist eine Nachbildung der antiken Statue des griechischen Halbgottes Herakles und wurde 1717 errichtet. Besucher des achteckigen Oktogons und der Pyramide können auch in die 9,25 Meter große Herkules-Figur hineinklettern.

The Hercules statue, situated high above the city at the western edge of Bergpark, is the landmark of Kassel. Built in 1717, it is a replica of the antique figure of Greek demigod Heracles. Visitors to the octagon and the pyramid are even allowed to climb into the 9.25-metre-high Hercules monument.

Hercule, l'emblème de Kassel, domine la ville de la bordure ouest du parc. Cette copie de la statue antique du demi-dieu grec Héraclès a été érigée en 1717. Les visiteurs de l'octogone et de la pyramide peuvent également grimper à l'intérieur de la statue d'Hercule haute de 9,25m.

Schloss Wilhelmshöhe

Im klassizistischen Schloss Wilhelmshöhe sind die Gemäldegalerie Alte Meister mit Werken von Rembrandt und Rubens, die Antikensammlung und das Schlossmuseum untergebracht. Der letzte deutsche Kaiser Wilhelm II. (1888–1918) nutzte Schloss Wilhelmshöhe als Sommerresidenz.

Construit dans le style du clacissisme, le château de Wilhelmshöhe abrite la galerie des Maîtres anciens avec des œuvres de Rembrandt et de Rubens. Guillaume II, le dernier empereur allemand (1888-1918), utilisait le château comme résidence d'été.

The classicistic Castle of Wilhelmshöhe houses the picture gallery Old Masters with paintings by Rembrandt and Rubens, the collection of antiques as well as the castle museum. The last German Emperor Wilhelm II (1888-1918) used Castle Wilhelmshöhe as a summer residence.

Löwenburg

Die als Nachbildung einer verfallenen mittelalterlichen Burg von 1793 bis 1801 erbaute Löwenburg diente Landgraf Wilhelm IX. als Lustschloss. Die fürstlichen Wohnräume sind heute ein Museum. In der Burgkapelle fand Kurfürst Wilhelm I. seine letzte Ruhestätte.

Constructed from 1793 till 1801 as a replica of a dilapidated medieval castle, Löwenburg (lion's castle) served as a summer residence to landgrave Wilhelm IX. Today, the princely rooms are a museum. Elector Wilhelm I was buried in the castle's chapel.

Le Löwenburg est la copie d'un château-fort en ruine et a été construit de 1793 à 1801 par le Landgrave Guillaume IX comme résidence de plaisance. Les pièces d'habitation princières abritent aujourd'hui un musée.C'est dans la chapelle du château que repose la dépouille du prince-électeur Guillaume Ier.

Zissel

Jedes Jahr feiern die Kasseläner ihr traditionelles Volks- und Heimatfest, den Zissel, der sich vornehmlich auf und an der Fulda abspielt. Höhepunkt ist ein Wasserfestzug, der Zehntausende von Zuschauern an den Fluss lockt. Am Rande gibt es sportliche Wettbewerbe wie hier ein Drachenboot-Rennen.

Every year the inhabitants of Kassel celebrate their traditional public festival, the so-called "Zissel", which mainly takes place on the river Fulda and on its banks. The highlight is a water procession that attracts tens of thousands of spectators down to the river. More than that, sporting competitions like a race of dragon boats are offered.

Les habitants de Kassel fêtent chaque année leur traditionnelle fête populaire qui se déroule principalement sur la Fulda et ses rives et qui culmine par un défilé nautique qui attire des dizaines de milliers de spectateurs. En marge de ces festivités se déroulent également des compétitions sportives comme ici une course de bateaux-dragons.

Im „Frau-Holle-Land“

Verlassen wir Kassel und begeben uns in das „Märchenland der Brüder Grimm“ oder „Frau-Holle-Land“, wie man den Naturpark Meißner – Kaufunger Wald auch gern nennt – „Märchenland“, weil in dieser Region noch viele Sagen und Mythen lebendig sind, und weil das Reich der Frau Holle aus dem gleichnamigen Märchen der Brüder Grimm auf dem Gebirgsmassiv des Meißners verortet wird. Der Raum zählt zu den waldreichsten Deutschlands und ist ein Dorado für Naturfreunde und Wanderer.

In the land of Mrs. Holle

Let us leave Kassel and go the “fairyland of the Grimm brothers” or “Frau-Holle-Land” (land of Mrs. Holle), how the national park Meißner-Kaufunger Wald has been called frequently – “fairyland”, because a lot of legends and myths are still alive in this region, and because the empire of Mrs. Holle - named after the Grimm brothers’ fairy tale – is located on the Meißner massif. This area is one of Germany’s largest woodlands and a mecca of nature-lovers and hikers.

Au «pays de Madame Holle»

Quittons Kassel et rendons-nous dans le pays des contes des frères Grimm, ou dans le «pays de Madame Holle», comme on aime appeler le parc naturel du Meißner-Kaufunger Wald. «Pays des contes», parce que de nombreux contes et légendes sont encore vivants dans cette région et parce qu’on situe le royaume de Madame Holle, du conte des frères Grimm du même nom, dans le massif montagneux du Meißner. Le Meißner est une des régions les plus boisées d’Allemagne et un eldorado pour amis de la nature et randonneurs

Kaufungen

Fachwerkidylle

Direkt vor den Toren der nordhessischen Metropole Kassel empfängt Kaufungen mit seinem Fachwerk-Reichtum den Reisenden. Hier gründeten im Jahr 1017 Kaiser Heinrich II. und seine Gemahlin Kunigunde ein Benediktinerinnenkloster.

Just in front of the gates of the North-Hessian metropolis of Kassel, Kaufungen will receive the visitors with its riches of half-timbered houses. At the same place, Emperor Heinrich II and his wife Kunigunde founded a Benedictine convent in the year 1017.

Devant les portes de Kassel, la métropole du nord de la Hesse, Kaufungen accueille le voyageur avec ses nombreuses maisons à colombages. C’est ici que l’empereur Henri II et son épouse Cunégonde ont fondé un monastère bénédictin en 1017.

Steinertsee

Die Uferzonen des Steinertsees bei Kaufungen – er entstand bei der Rekultivierung einer Braunkohleabbaustätte – sind ein Dorado für eine Vielzahl von Vogelarten. Unter anderem brüten hier Haubentaucher und Eisvögel.

The shores of Lake Steinert – it resulted from the recultivation of a brown coal mine - have become home to rare plants and amphibians.

Situé près de Kaufungen, le lac Steinertsee a été aménagé sur un ancien site d'extraction de lignite. Plantes et amphibiens rares se sont acclimatés sur ses rives.

Helsa

In der malerischen und denkmalgeschützten Gemeinde Helsa ist dieses kleine Fachwerkhaus ein besonders beliebtes Motiv.

This small half-timbered house is a particularly popular motif in the picturesque municipality of Helsa, where historical buildings are officially protected.

Cette petite maison à colombages est un motif particulièrement apprécié de la pittoresque commune classée de Helsa.

Hessisch-Lichtenau
Rathaus

Das Fachwerk-Städtchen Hessisch-Lichtenau ist das „Tor zum Frau-Holle-Land“, womit der Hohe Meißner gemeint ist. Das bis zu 754 Meter hohe Bergmassiv gilt als der „König der hessischen Berge“.
Das malerische Rathaus stammt aus dem Jahre 1665.

Hessisch Lichtenau, a small town with half-timbered houses, is the “gate to Frau-Holle-Land“, what means the mountain Hoher Meißner. This massif, up to 754 metres high, is considered as the “king of the Hessian mountains.”
The picturesque town hall dates from the year 1665.

La petite ville à colombages de Hessisch-Lichtenau est la «porte du pays de Madame Holle», c’est-à-dire du Hoher Meißner. Ce massif montagneux culminant à 754 mètres passe pour le «roi des montagnes hessoises».
Le pittoresque hôtel de ville date de 1665.

Frau-Holle-Teich

Der Frau-Holle-Teich, ein unter Naturschutz stehendes Stillgewässer, soll der Eingang in das unterirdische Reich der Märchenfigur sein, die hier als Holzstatue zu sehen ist. Vom Hohen Meißner aus schüttelte sie die Betten, auf dass es auf der Erde schneite …

People say that Frau-Holle-Teich, a pond protected by nature conservancy, is the entrance to the subterranean empire of that fairy tale figure, shown here as a wooden statue. She shook the eiderdowns on Hoher Meißner, from where snow fell down to earth …

L’étang de Madame Holle est classé site naturel protégé et serait l’entrée du royaume souterrain de cette figure de conte dont on peut voir ici la statue en bois. Quand elle secouait les édredons du haut du Hoher Meißner, il neigeait sur la terre.

Meißnerhaus

Am Südwesthang des Bergmassivs liegt das traditionsreiche Naturfreunde-Meißnerhaus. Bei günstiger Wetterlage sind einzigartige Blicke über die Werra-Berge bis zum Thüringer Wald möglich.

Naturfreunde-Meißnerhaus (the house of nature-lovers), rich in tradition, is located at the south-west slope of the massif. In case of good weather, phantastic views of the Werra Mountains and the Thuringian Forest can be captured.

Sur le flanc sud-ouest du massif montagneux se trouve la maison des Amis de la Nature du Meißner. Quand le temps est favorable, le regard peut porter jusqu'aux monts de la Werra et à la forêt de Thuringe.

Leben am Fluss – das Werratal

Liegt auf dem Hohen Meißner mitunter noch bis in den April hinein der Schnee, beginnt weiter östlich im Werratal mit seinem milden Klima bereits die Kirschblüte. In der ersten Maihälfte ist dann die Region um Witzenhausen mit ihren zahlreichen Kirschenplantagen in ein weißes Blütenmeer getaucht, durch das sich der Fluss in malerischen Bögen hindurch schlängelt, um sich an seinem Ende mit der Fulda zur Weser zu vereinigen. Zuvor passiert die Werra zwei weitere Fachwerk-Juwele: Bad Sooden-Allendorf und Eschwege. Der Fluss ist ein Dorado für Kanu- und Kajak-Wanderer, während auf den begleitenden Höhenzügen der Werra-Burgen-Steig zu Touren entlang der ehemaligen deutsch-deutschen Grenze einlädt.

Life on a river – the Werra valley

When snow is still falling on Hoher Meißner, sometimes even in April, the cherry blossom season will start in eastern direction in the Werra valley with its mild climate. In the first half of May, the region around Witzenhausen with numerous cherry plantations appears as an ocean of white blossoms, through which the river winds in picturesque bends, and at its end it will unite with the river Fulda to become the river Weser. But before that the Werra has passed two more half-timbered jewels: Bad Sooden-Allendorf and Eschwege. The river is a paradise for canoe and kayak hikers, while the hiking trail Werra-Burgen-Steig on the accompanying mountain range invites to tours along the former German-German border.

Vie en bordure de rivière – la vallée de la Werra

Alors qu'il arrive que le Hoher Meißner soit encore recouvert de neige en avril, commence un peu plus loin à l'est la période des cerisiers en fleurs dans la douceur du climat de la vallée de la Werra. Dans la première moitié du mois de mai, la région riche en cerisaies des environs de Witzenhausen se transforme en un océan de fleurs blanches traversé par les méandres de la rivière avant que celle-ci ne rejoigne la Fulda pour former la Weser. Auparavant, la Werra passe par deux autres magnifiques villes à colombages: Bad Sooden-Allendorf et Eschwege. La rivière est un eldorado pour les amateurs de canoë-kayak pendant que les cimes couronnées de châteaux-forts des hauteurs de la Werra invitent à des excursions le long de l'ancienne frontière germano-allemande.

Witzenhausen

Kirschblüte

Im Frühling zeigen rund um Witzenhausen 150 000 Kirschbäume ihre weiße Blütenpracht.

In spring, 150 000 cherry trees around Witzenhausen show their abundance of white blossoms.

Au printemps, 150 000 cerisiers des alentours de Witzenhausen se montrent dans toute leur blancheur.

Kesperkirmes

Alljährlich zur Kirschernte lädt Witzenhausen am zweiten Juli-Wochenende zum großen Kirschen- und Altstadtfest ein, der „Kesperkirmes". Höhepunkt ist – neben den Meisterschaften im „Kirschkern-Weitspucken" – die Krönung der neuen Kirschenkönigin, die sich auch während einer Fahrt auf der Werra präsentiert.

Every year during the cherry harvest on the second weekend of July, Witzenhausen invites to its great cherry and downtown festival, the so-called "Kesperkirmes". The highlight is – besides the championships of the "cherry stone long-spitting" – the coronation of the new cherry queen, who will present herself on the occasion of a boat trip on the Werra river.

Chaque année au moment de la récolte des cerises, Witzenhausen invite à la «Kesperkirmes», la grande fête des cerises et de la vieille ville qui a lieu le deuxième week-end de juillet. L'apogée de la kermesse est, avec le concours de cracher de noyaux de cerises, le couronnement de la nouvelle Reine des cerises qui se présente aussi lors d' un voyage en bateau sur la Werra.

Schloss Berlepsch

Nördlich von Witzenhausen liegt, in idyllischer Abgeschiedenheit auf einem Bergkegel mitten im Wald, das Schloss Berlepsch. Ursprünglich stand hier eine Burg aus dem 14. Jahrhundert. Auf der alten Bausubstanz entstanden von 1884 bis 1894 Umbauten und Veränderungen im neugotischen Stil, die der Burg das schlossartige Aussehen geben. Heute finden auf Schloss Berlepsch künstlerische und mittelalterliche Events statt.

The castle of Berlepsch is located on a hilltop amid a forest north of Witzenhausen in idyllic seclusion. Originally, a castle of the 14th century stood at the same place. During the first decades after World War II, when the castle ran a restaurant plus hotel, it was an inside tip for young people in love.

Situé au nord de Witzenhausen dans un isolement idyllique, le château de Berlepsch se dresse au sommet d'une montagne au milieu de la forêt. À l'origine se trouvait là un château-fort du 14e siècle. Pendant les premières décennies qui ont suivi la Seconde Guerre mondiale, le château abritait encore un hôtel-restaurant et était une adresse confidentielle appréciée des jeunes amoureux.

Bad Sooden-Allendorf
Gradierwerk

Über 1000 Jahre wurde bis 1906 in Bad Sooden-Allendorf Salz gewonnen, die Sole kam aus Vorkommen unter der Stadt. An diese Zeit erinnert dieses 2002 grundlegend renovierte Gradierwerk, das wegen seiner salzhaltigen, für die Atemwege wohltuenden Luft von Kurgästen geschätzt wird. Das Gradierwerk ist zu einem Viertel Teil des Sauna-Bereichs der Werra-Therme.

For more than 1000 years until 1906, salt was produced in Bad Sooden-Allendorf, and the brine was taken from deposits below the town. This epoch has been commemorated by the salt-works, which were fundamentally renovated in 2002. Due to its salty air, which is beneficial to the respiratory tract, it is very popular with spa guests. One quarter of the salt-works is part of the sauna-sector of bath Werra-Therme.

Pendant plus de 1000 ans, jusqu'en 1906, on a extrait le sel des gisements situés dans les sous-sols de la ville. Entièrement restauré en 2002, le bâtiment de graduation rappelle le souvenir de cette époque. Les curistes apprécient l'air riche en sel qui s'en dégage pour son influence bienfaisante sur les voies respiratoires. Le bâtiment de graduation fait partie pour un quart du sauna des Thermes de la Werra.

Ratskeller

Im Ratskeller am Marktplatz des Ortsteils Allendorf kann man auf mittelalterliche Art speisen und trinken.

In the restaurant Ratskeller, located at market square in the district of Allendorf, you can eat and drink in a medieval manner.

Au restaurant Ratskeller de la place du Marché d'Allendorf, on peut boire et manger comme au Moyen Âge.

Allendorf

Der ganze Fachwerk-Reichtum der Kurstadt springt einem mit dieser Häuserzeile am Marktplatz ins Auge. Im Dreißigjährigen Krieg (1618–1648) war fast die ganze Stadt abgebrannt, sodass die meisten Fachwerkhäuser aus der Zeit danach stammen.

The eye-catching row of houses at the market square demonstrates the spa's whole wealth of half-timbered houses.

Cette rangée de maisons de la place du Marché illustre parfaitement la richesse en colombages de cette ville de cure.

Fischerstad

Bei Einheimischen wie Besuchern gleichermaßen beliebt ist der Fischerstad, eine verträumte Ufergasse an der Werra. Bereits im Mittelalter lebten hier die Werrafischer.

Fischerstad, a dreamy riverside alley on the Werra, is popular with natives and visitors alike.

Le Fischerstad est une ruelle romantique des berges de la Werra tout autant appréciée des habitants que des visiteurs.

Eschwege

Das Erscheinungsbild Eschweges ist – neben dem Fachwerk – vom Wasser geprägt. Die Stadt liegt an einer weitläufigen Flussniederung der Werra, in der sich malerisch ganze Häuserzeilen spiegeln. Eschwege besitzt einen mittelalterlichen Stadtkern mit geschlossener Fachwerksbebauung.

The appearance of Eschwege has been characterized by half-timbering and water. The town is located on a wide of the river Werra plain in which long rows of houses are mirrored picturesquely. Eschwege has a medieval town centre with a full ensemble of half-timbered buildings.

L'eau – comme les colombages – marque de son empreinte la physionomie d'Eschwege. La ville est située en bordure de la Werra dans laquelle se reflètent de façon pittoresque des rangées entières de maisons. Eschwege possède un centre-ville médiéval entièrement composé de bâtiments à colombages.

Dietemann

Als Wahrzeichen Eschweges gilt der Dietemann: Mit Hellebarde, Laterne und Horn ausgestattet, stellt er einen Nachtwächter dar, der tagsüber zu jeder vollen Stunde bei einem Rundgang auf dem Schlosstürmchen bläst, von dem aus er die Stadt bewacht. Einmal im Jahr, beim Eschweger Johannisfest, steigt der Dietemann von seinem Turm herab, um den Festzug anzuführen.

The landmark of Eschwege is the so-called Dietemann: Equipped with halberd, lantern, and horn he represents a night-watchman, guarding the town from the castle's tower and blowing his horn during his walk after every full hour. Once a year, on the occasion of Eschwege's Johannis celebration, Dietemann climbs down from his tower in order to guide the festal procession.

Le Dietemann est l'emblème de la ville. Équipé d'une hallebarde, d'une lanterne et d'un cor, il représente un gardien de nuit qui dans la journée, pendant sa ronde sur la petite tour du château d'où il surveille la ville, souffle du cor toutes les heures. Une fois par an, à l'occasion de la fête de la Saint-Jean, le Dietemann descend de sa tour pour conduire le défilé.

Schloss

Das ehemalige Landgrafenschloss, eine Nebenresidenz der hessischen Landgrafen, war 1386 als Burg errichtet worden. Im 16. und 17. Jahrhundert im Renaissance-Stil ausgebaut, ist das Schloss seit 1821 Sitz des Landrats und der Kreisverwaltung.

The former landgravial castle, a secondary residence of the Hessian landgraves, was built in 1386 as a fortified castle. After its Renaissance-style development in the 16th and 17th centuries, the castle became seat of the district chief executive and of the district administration in 1821.

À l'origine un château-fort construit en1386, cette ancienne résidence des landgraves de Hesse a été transformée au 16e et 17e siècle en une demeure Renaissance et est depuis 1821 le siège de la sous-préfecture.

Wanfried

Im äußersten Nordosten Hessens liegt das Städtchen Wanfried, das vom 16. bis 18. Jahrhundert ein wichtiger Umschlagplatz an der Werra war. Davon zeugt noch heute die alte Hafenanlage, die Schlagd.

The small town of Wanfried is situated in the extreme northeast area of Hesse. In the 16th and 18th centuries, it was an important trade centre on the Werra river. This has been witnessed to this day by the old harbour facilities, the so-called Schlagd.

À l'extrêmité nord-est de la Hesse se trouve la petite ville de Wanfried qui était, du 16e au 18e siècle, un important centre de transbordement de la Werra, comme en témoigne aujourd'hui encore la zone portuaire de la „Schlagd".

Am blauen Band der Fulda

Die Rundreise führt uns von der Werra zur schwesterlichen Fulda, in die Erlebnis-Region Mittleres Fuldatal. Der Fluss, mit 218 Kilometern der längste Hessens, entspringt auf der Wasserkuppe in der Rhön und zieht sich wie ein blaues Band durch eine anmutige Mittelgebirgslandschaft, vorbei an Burgen und romantischen Fachwerkstädten. Dem Lauf der Fulda folgen die Menschen mit Booten oder auch mal per Floss, am Ufer zu Fuß oder auf dem Fahrrad. Der Landstrich ist geprägt von traditionellem Bauernbarock, uralten Marktflecken und Dorfkirchen mit buntbemalten Emporen.

At the blue line of the Fulda river

Our tour takes us from the Werra river to its sisterly Fulda, to the "region of experience", the Mid-Fulda valley. The river, with 218 kilometres the longest one of Hesse, has its source on the mountain Wasserkuppe in the Rhön region, from where it runs like a blue line through the lovely landscape of the low mountain range, passing castles and romantic half-timbered towns. People follow the course of the river on boats, sometimes on rafts, by walking along the banks or on bicycles. This area has been characterized by traditional "rural Baroque", age-old little villages, and churches with colourful, painted galleries.

En suivant le ruban bleu de la Fulda

Ce voyage nous mène de la Werra à la région du cours moyen de la Fulda. Cette rivière de 218 kilomètres est la plus longue de Hesse.Elle prend sa source à la Wasserkuppe, dans le massif de la Rhön, et s'étire tel un ruban bleu à travers un paysage de moyenne montagne plein de charme, riche en châteaux-forts et villes à colombages romantiques. On suit le cours de la Fulda en bateau ou parfois en radeau et sur ses rives, à pied ou à bicyclette. Ce pays est caractérisé par son style baroque-paysan traditionnel, ses très anciens bourgs et ses églises villageoises aux tribunes colorées.

Ronshausen

Am südöstlichen Ende der Erlebnisregion liegt der kleine Luftkurort Ronshausen. Der Ronshäuser See ist ein Geheimtipp für stille Naturgenießer und Angler.

The small health resort of Ronshausen is situated at the southeastern end of the "region of experience." Lake Ronshausen is an inside tip for quiet connoisseurs of nature and for anglers.Bebra

À la pointe sud-est de cette région intéressante se trouve la petite station climatique de Ronshausen. Le lac de Ronshausen est une adresse confidentielle appréciée des amoureux de la nature et des pêcheurs.

Bebra

Die Stadt Bebra war bis Mitte der 1980er-Jahre einer der wichtigsten Eisenbahnknotenpunkte Deutschlands. Über diese Zeit kann man sich im Eisenbahnmuseum informieren, das im ehemaligen Wasserturm untergebracht ist.

The town of Bebra was one of Germany's most important railway crossing points until the middle of the 1980s. Information about this period can be obtained in the railway museum, which is housed in the former water tower.

La ville de Bebra était, jusqu'au milieu des années 1980, l'un des nœuds ferroviaires les plus importants d'Allemagne. Il est possible de se renseigner sur cette époque au musée du Chemin de Fer hébergé dans l'ancien château d'eaugen

Rotenburg an der Fulda

Eines der schönsten Fachwerk-Ensembles findet man im Stadtkern von Rotenburg an der Fulda, Altstadtstraße/Ecke Brückengasse (r.). Der Luftkurort mit einem bekannten Herz- und Kreislaufzentrum liegt, eingebettet von dicht bewaldeten Höhenzügen, an der engsten Stelle des Fuldatales.
Breit und gewichtig fließt die Fulda am mittelalterlichen Stadtkern vorbei.
An der alten Stadtmauer steht die Bronzefigur „Hütejunge mit Ziege". Noch bis in die ersten Nachkriegsjahre wurden auf der Wiese zwischen Fulda und Stadtmauer Ziegen gehütet.

One of the nicest half-timbered ensembles is to be found in the town centre of Rotenburg on the Fulda river, here Altstadtgasse/corner Brückengasse. The health resort with a well-known cardiology clinic centre is located at the narrowest point of the Fulda valley, surrounded by the densely wooded mountain range. Strong and widespread, the Fulda river flows along the medieval town centre. The bronze figure "boy-keeper with goat" stands near the old city walls. Goats were kept on the meadows between river and city walls even until the first post-war years.

L'un des plus beaux ensembles de maisons à colombages de Rotenburg an der Fulda est situé au cœur de la ville (photo prise à l'angle des ruelles Altstadtgasse/Brückengasse). Cette station climatique connue pour son centre de traitement des maladies cardio-vasculaires se trouve à l'endroit le plus étroit de la vallée de la Fulda, au milieu de hauteurs boisées. Large et imposante, la Fulda coule ici devant le centre-ville médiéval. À côté des anciens remparts se trouve la statue de bronze du «gardien de chèvre». Dans les années de l'après-guerre, on gardait encore des chèvres dans le pré situé entre la Fulda et les remparts.

Steinernes Haus

Das Steinerne Haus war von 1381 bis zur Reformation in Hessen der Wohnsitz der Kanoniker des Rotenburger Stifts.

The Stone House was residence of the Rotenburg monastery's canons from 1381 until the Reformation in Hesse.

De 1381 à la Réforme, cette maison en pierre a abrité le domicile du chanoine de la collégiale de Rotenburg.

Schloss

Bis ins 17. Jahrhundert war das Rotenburger Schloss ein beliebter Sommersitz der hessischen Landgrafen. Das 1470 errichtete Schloss wurde zwischen 1571 und 1607 durch einen Neubau im Renaissance-Stil ersetzt. Später folgten weitere Umbauten.

The castle of Rotenburg, erected in the year 1470, was temporarily one of the residences of the Hessian landgraves.

Édifié en 1470, le château de Rotenburg a été par intermittence l'un des domiciles des landgraves de Hesse.

Spangenberg

Ein beherrschendes Gebäude in der denkmalgeschützten Fachwerk-Altstadt Spangenbergs ist das Rathaus, mit dessen Bau vermutlich im 15. Jahrhundert begonnen wurde.

A dominant building of Spangenberg's officially protected half-timbered old town centre is the town hall, whose construction was started during the 15th century supposedly.

Un bâtiment imposant de la vieille ville classée de Spangenberg est l'hôtel de ville dont la construction a sans doute commencé au 15e siècle.

Melsungen

Melsungen wird auch „Stadt der Bartenwetzer" genannt, weil früher die Waldarbeiter ihre Barten (Äxte) im Sandstein der alten Steinbogenbrücke (hier im Vordergund) wetzten bzw. schärften, bevor sie in den nahen Stadtwald gingen.

Melsungen has also been called "town of the axe-whetters", because in former times, the lumberjacks whetted (sharpened) theirs axes on the sandstone of the old arcade bridge (here in the foreground), before they went to the municipal forest close by.

Melsungen est aussi appelée «ville des aiguiseurs» parce que les bûcherons venaient autrefois aiguiser leurs haches sur le grès du vieux pont (ici au premier plan) avant d'aller dans la forêt proche.

Altstadt

Ein besonderes Fachwerk-Schmuckstück in der Altstadt ist dieses Haus, das jedes Jahr liebevoll „herausgeputzt" wird. Und wer genauer hinguckt, entdeckt am Haus knapp über dem Boden dieses Stillleben (oben).

An outstanding half-timbered jewel of the old town is this building that will be decorated lovingly every year. If you take a close look, you will discover this still life just above the ground (above).

Cette maison à colombages, parée chaque année avec amour, est un des joyaux de la vieille ville. Un observateur attentif découvrira une nature morte à seulement quelques centimètres du sol (en haut).

Marktplatz

Blickfang am Marktplatz ist das Rathaus (links), ein prächtiger Fachwerkbau der Renaissance.

The eye-catcher of the market square is the town hall (left), a magnificent half-timbered building of the Renaissance epoch.

Le magnifique hôtel de ville (à gauche) Renaissance à colombages de la place du Marché attire tous les regards.

Felsburg

Das Wahrzeichen der Stadt Felsberg, die Ruine der Felsburg, ist schon von weitem zu erkennen. Der Turm hat wegen seines Aussehens den Spitznamen „Butterfassturm“ erhalten.

The landmark of the town of Felsberg, the ruins of Felsburg (rock castle), can be recognized even from far. Because of its shape, the tower was nicknamed “butter barrel”.

L’emblème de la ville de Felsberg - le château-fort en ruines du Felsburg - se voit de loin. La tour doit à son apparence son surnom de «tour de la baratte».

Guxhagen

Das mittelalterliche Benediktinerkloster Breitenau in Guxhagen ist heute ein bekannter Ausstellungs ort und eine historische Gedenkstätte für die Verfolgten des nationalsozialistischen Terrors.

The medieval Benedictine monastery of Breitenau in Guxhagen has become a renowned location of exhibitions as well as a historical memorial place for the victims of persecution of the National Socialist terror.

Le monastère bénédictin médiéval de Breitenau à Guxhagen est aujourd'hui un centre d'exposition connu et un mémorial consacré aux victimes des persécutions nationales-socialistes.

Heringen

Monte Kali

In Heringen, 28 Kilometer östlich von Bad Hersfeld, stellt die Streusalz-Abraumhalde „Monte Kali“ eine Sehenswürdigkeit der besonderen Art dar. In der Kleinstadt an der Werra wird seit 1903 Kalibergbau betrieben.

In Heringen, 28 kilometres east of Bad Hersfeld, the heap of road salt debris called "Monte Kali" represents a sight of a special kind. Potash mining has been done in the small town on the Werra river since 1903.

À Heringen, à 28 km à l'est de Bad Hersfeld, se dresse une curiosité bien spéciale: le terril de sel de déneigement «Monte Kali». La petite ville de la Werra est depuis 1903 un centre d'extraction de potasse.

Museum

Das Kalibergbaumuseum in Heringen bietet eine Zeitreise durch die Geschichte des Kalibergbaus im Werra-Tal an.

The museum of potash mining in Heringen offers a time travel through the history of potash mining in the Werra valley.

Le musée de la Mine de Heringen propose un voyage à travers l'histoire de l'extraction de la potasse dans la vallée de la Werra.

Im Land des Rotkäppchens

Wir setzen unsere Reise fort und kommen ins Rotkäppchenland: „Es war einmal ein kleines Mädchen ... die Großmutter schenkte ihm ein Käppchen von rotem Samt, und weil ihm das so wohl stand und es nichts anderes mehr tragen wollte, hieß es nur das Rotkäppchen." So beginnt eines der bekanntesten Grimmschen Märchen. Sein Ursprung könnte im Schwälmer Land liegen, wo auch heute noch die jungen Frauen bei besonderen Anlässen als Teil ihrer imposanten Tracht ein rotes Käppchen tragen. Auch diese Region ist reich an idyllischen Fachwerkdörfern und -Städten sowie an unberührter Natur wie beispielsweise im Knüllgebirge, wo Rotkäppchens Großmutter gelebt haben könnte.

In the land of Little Red Riding Hood

We continue our journey and will arrive in the land of Little Red Riding Hood. “Once upon a time there was a little girl ... grandmother gave her a little hood made of red velvet, and because it suited her so well and she did not want to wear anything else, she was called Little Red Riding Hood.” This is how one of the best-known Grimm fairy tales begins. Its origin might be found in the Schwalm region, where on special occasions young women wear a little red cap as a part of their imposing garb still nowadays. This region, too, is rich in idyllic half-timbered villages and towns as well as in untouched nature, for example the Knüll mountains, where Little Red Riding Hood's grandmother might have lived.

Au pays du Petit Chaperon rouge

Nous continuons notre voyage et arrivons au pays du Petit Chaperon rouge: «Il était une fois une petite fille ...sa grand-mère lui donna un petit chaperon de velours rouge et parce qu' il lui allait si bien et qu'elle ne voulait plus porter autre chose,on ne l'appela plus que le Petit Chaperon rouge.» Ainsi commence l'un des contes les plus connus des frères Grimm. Il pourrait être originaire du pays de la Schwalm ou de nos jours encore, les jeunes femmes portent à certaines occasions une petite coiffe rouge avec leur imposant costume traditionnel. La région est aussi riche en villages et villes à colombages idylliques ainsi qu'en nature intacte comme c'est par exemple le cas dans le massif de Knüll où la grand-mère du Petit Chaperon rouge aurait pu vivre.

Alsfeld

Rotkäppchen

Diese Brunnenfigur im mittelalterlich anmutenden Alsfeld zeigt ein Mädchen in der Schwälmer Tracht mit rotem Käppchen.

This figure at a fountain in Alsfeld with its medieval appearance shows a girl in Schwalm garb wearing a little red hood.

La fontaine de la ville d'allure médiévale d'Alsfeld est ornée de la statue d'une petite fille dans le costume de la Schwalm avec chaperon rouge.

Rathaus

Das Alsfelder Rathaus, errichtet von 1512 bis 1516, zählt zu den bedeutendsten Fachwerk-Rathäusern in Deutschland. Es steht auf einem steinernen spätgotischen Unterbau.
Davor findet jedes Jahr das Salzekuchenfest statt. Die Salzekuchen, auch oberhessische Pizza genannt, sind eine Spezialität aus der Region.

The town hall of Alsfeld, built from 1512 till 1516, is one of Germany's most significant half-timbered town halls. It stands on a Late Gothic foundation made of stone.
In front of it, the Salzekuchenfest (salt cake party) is held every year. Those salt cakes, also called Upper Hessian pizza, are a specialty of this region.

Bâti de 1512 à 1516, l'hôtel de ville d'Alsfeld compte parmi les plus importants hôtels de ville à colombages d'Allemagne. Il est édifié sur une assise en pierre de style gothique tardif. Devant lui se déroule chaque année la fête du Salzekuchen, une spécialité régionale également appelée pizza de Haute-Hesse.

Rittergasse

Anziehungspunkt nicht nur für Kinder ist das Märchenhaus (im Hintergrund beim Blick in die Rittergasse). Die Zimmer sind mit verschiedenen Märchen belegt, und in der zweiten Etage werden Puppenstuben aus zwei Jahrhunderten gezeigt. Vorn rechts das Regionalmuseum.

A point of attraction not only for children is the fairy tale house (in the background) in Rittergasse. Various fairy tales are displayed in the rooms, and doll's houses from two centuries are shown on the second floor.

La maison des Contes (à l'arrière plan) est située dans la ruelle Rittergasse et n'intéresse pas seulement les enfants. Ses pièces sont consacrées à différents contes et au deuxième étage sont exposées des maisons de poupées datant des deux derniers siècles.

Schwalmstadt

Treysa

Schwalmstadt ist nach der Einwohnerzahl die größte Stadt des Schwalm-Eder-Kreises. Sie entstand erst 1970, als die beiden traditionsreichen Städte Treysa und Ziegenhain zusammengelegt wurden.

Schwalmstadt was formed by the association of the towns of Treysa and Ziegenhain, both rich in tradition. It impresses by its romantic half-timbering ambiance.

La ville de Treysa est le résultat de la fusion entre les deux vieilles villes de Treysa et Ziegenhain. Elle impressionne par l'atmosphère romantique qui se dégage de ses maisons à colombages.

Totenkirche

Vor der Ruine der Totenkirche – eigentlich Martinskirche – lassen sich Brautpaare gern fotografieren. Der imposante Kirchenbau entstand in der Übergangszeit vom romanischen zum gotischen Stil im 12. und 13. Jahrhundert. Der Name Totenkirche stammt aus den Jahren nach der Reformation in Hessen (1526), als man den Bau für Begräbnis-Gottesdienste nutzte.

Brides and grooms like to be photographed in front of Totenkirche (church of the dead). The impressive church building was constructed during the transition period from Romanesque to Gothic style in the 12th and 13th centuries.

Les jeunes mariés aiment se faire photographier devant les ruines de l'église des Morts. Ce bâtiment imposant a été construit dans la période de transition entre art roman et art gothique au 12e et 13e siècle.

Johannismännchen

Im Mittelpunkt des Marktplatzes steht der Marktkumpf, ein Brunnen mit fließendem Wasser. Die Brunnenfigur, allgemein Johannismännchen genannt, wurde 1683 als Symbol der Marktgerechtigkeit aufgestellt und hält in der linken Hand eine Lanze mit der Stadtfahne.

A fountain with flowing water, the so-called Marktkumpf, is situated in the centre of the market square. The fountain sculpture, commonly called Johannismännchen, dates from 1683. Legend has it that It represents Johannes Ruland, a citizen of Treysa, who managed to save his life from the gallows by an unusual achievement.

Au milieu de la place du Marché se dresse une fontaine d'eau courante. D'après la légende, la statue de 1683, généralement appelée «Johannismännchen» (petit Jean), représente Johannes Ruland. Ce citoyen de Treysa aurait réussi, grâce à son ingéniosité, à éviter de finir au gibet.

Ziegenhain

Ziegenhain wurde im 16. Jahrhundert zu einer starken Wasserfestung ausgebaut. Der Altstadtbereich ist noch heute von dem inneren Festungsgraben umschlossen. Im sogenannten Steinernen Haus (rechts) ist das Museum der Schwalm untergebracht.

During the 16th century, Ziegenhain was extended to become a strong moated fortress. Still today, the old town centre is surrounded by the inner fortress moat. The Schwalm museum is to be found in the so-called Steinernes Haus (stone house; right).

Ziegenhain a été transformée au 16e siècle en une place forte entourée d'eau. Le quartier de la vieille ville est aujourd'hui encore entouré des douves intérieures. La «Maison en pierre» (à droite) abrite le musée de la Schwalm.

Kirchheim

Der Seepark Kirchheim-Reimboldshausen ist für Erholungssuchende und für sportlich aktive Besucher – im Hintergrund die Wasserski-Anlage – gleichermaßen geeignet.

Seepark Kirchheim-Reimboldshausen is suited for relaxation and sporting activities alike – the water-ski facilities are to be seen in the background.

Le parc aquatique du lac de Kirchheim-Reimboldshausen, avec à l'arrière-plan l'aire de ski nautique, convient aux visiteurs à la recherche de repos tout comme aux amateurs de sport.

Homberg

Marktplatz

Mittel- und Zielpunkt aller Wegverbindungen in Homberg an der Efze ist der mittelalterliche Marktplatz, überragt von der Stadtkirche St. Marien. Hier berief 1526 Landgraf Philipp der Großmütige die Homberger Synode ein, wodurch die Landgrafschaft Hessen evangelisch wurde.

The medieval market square, overlooked by the town church St. Mary's, is both centre and destination of all streets in Homberg an der Efze. Landgrave Philipp the Magnanimous summoned the Synod of Homberg at this place, by what the landgravial county of Hesse became Protestant.

À Homberg an der Efze, tous les chemins passent par la place de marché médiévale que domine l'église Sainte-Marie. C'est ici que le landgrave Philippe le Magnanime a convoqué en 1526 le synode de Homberg par lequel le landgraviat allait devenir protestant.

Märchenbrunnen

Am Marktplatz steht der Märchenbrunnen „Brüderchen und Schwesterchen“, benannt nach dem Märchen der Brüder Grimm.

The fairy tale fountain “brother and sister“, named after the fairy tale of the Grimm brothers, is located at the market square.

Place du Marché se dresse la fontaine de Frérot et Sœurette, appelée ainsi d’après le conte des frères Grimm.

Stadtführung

„Hildegardis, die Stadtadelige“ vermittelt bei Stadtführungen Wissenswertes über die Geschichte Hombergs.

On her tours around the town, “Hildegardis, noblewoman of the town“ supplies interesting information about the history of Homberg.

«Hildegarde, la noble de la ville» apprend ce qu’il faut savoir sur l’histoire de Homberg lors de visites guidées.

Frankenberg

Am Rande des Sauerlandes und angrenzend an den Nationalpark Kellerwald-Edersee erstreckt sich die Urlaubsregion Ederbergland. Der naturnahe Verlauf der Eder, idyllische Bachtäler, steile Felsen und Heidelandschaften im Wechsel lassen hier Naturliebhaber besonders auf ihre Kosten kommen. Mittendrin liegt das Fachwerk-Schmuckstück Frankenberg mit seinem berühmten zehntürmigen Rathaus, eine Stadt mit langer Geschichte.

Bordering on National Park Kellerwald-Edersee, the holiday region of Ederbergland extends to the edge of the Sauerland. The course of the river Eder, close to nature, the change of idyllic creek valleys, steep rocks, and heathland are especially amazing for nature-lovers. Frankenberg, a town with a long history and a jewel of half-timbering boasting a famous town hall with ten steeples, is situated right in the middle.

La région touristique de l'Ederbergland s'étend en bordure du Sauerland et à côté du parc national de Kellerwald-Edersee. Le cours naturel de l'Eder et l'alternance de petits vallons romantiques, de rochers escarpés et de paysages de lande permettent aux amoureux de la nature d'y trouver leur compte. Au centre se trouve Frankenberg, un joyau de l'architecture à colombages avec son célèbre hôtel de ville à dix tourelles, une ville avec une longue histoire.

Rathaus

Das zehntürmige Rathaus mit Glockenspiel ist ein 1509 im gotischen Stil errichteter zweigeschossiger Fachwerkbau mit einer eindrucksvollen Markthalle im Erdgeschoss. Unlängst wurde es saniert – unser Bild entstand bei den letzten Vorbereitungen für den Festakt.

The town hall with its ten steeples, a carillon, and an impressing market hall is a two-storeyed half-timbered building in Gothic style, which was erected in 1509. It was renovated only recently – our picture was taken during the last preparations for the ceremony.

En plus de ses 10 tourelles et de son carillon, l'hôtel de ville à colombages de deux étages construit dans le style gothique en 1509 possède une halle de marché impressionnante au rez-de-chaussée. Il a été restauré il y a peu - notre photo a été prise lors des derniers préparatifs de la cérémonie qui s'en est ensuivie.

Steinhaus

Das bereits um 1240 erbaute Steinhaus überstand den großen Frankenberger Brand von 1476 und ist das älteste Haus der Stadt. Heute befindet sich dort die Stadtbücherei mit Internetcafé .

The Stone House, built even around 1240, has survived the great fire of Frankenberg in 1476, and it is the town's oldest building. Nowadays, it houses the municipal library plus internet cafe.

Cette maison de pierre construite vers 1240 a réchappé au grand incendie de 1476 et est la plus ancienne maison de la ville. Elle abrite maintenant la bibliothèque municipale et son cybercafé.

Im Naturpark Kellerwald-Edersee

Schwimmen, segeln, wandern, promenieren und kuren – all das bietet der Naturpark Kellerwald-Edersee in einer der abwechslungsreichsten Regionen des kurhessischen Berglandes. Kernstück ist der gleichnamige Nationalpark, an dessen nördlichem Rand sich der Edersee kurvenreich entlangwindet. 200 Meter über dem 27 Kilometer langen Stausee - vor allem im Sommer Anziehungspunkt auch für viele ausländische Besucher – thront das Schloss Waldeck, von dem aus man einen traumhaften Blick auch auf die waldreichen Berge des Nationalparks hat. Nur wenige Kilometer entfernt lädt Bad Wildungen zum Kuren oder einfach nur zum Flanieren ein. Schon im 14. Jahrhundert war die Heilkraft der Wildunger Quellen bekannt. Etwas weiter östlich gelangt man in die alte Dom- und Kaiserstadt Fritzlar, wo im Jahr 724 mit dem Fällen der Donareiche durch Bonifatius die Christianisierung der mittel- und nordgermanischen Stämme ihren Anfang nahm.

In National Park Kellerwald-Edersee

Swimming, sailing, hiking, walking, and taking a cure – all this is offered by the National Park Kellerwald-Edersee in one of the most changeful regions of the Hessian Mountainous Land. Centrepiece is the national park of the same name, at whose northern shore lake Edersee winds along sinuously. Castle Waldeck thrones 200 metres above the 27-kilometre-long reservoir – especially in summer a major attraction even for foreign visitors -, enabling phantastic views of the densely wooded mountains of the national park. Only a few kilometres away, Bad Wildungen invites to take a cure or simply to promenade. The healing power of Wildungen's springs was well-known even in the 14th century. A bit further in eastern direction, the old imperial and cathedral town of Fritzlar is within reach, where the christianization of the Middle and North Germanic tribes started in the year 724, when Bonifatius felled the Donar Oak.

Dans le parc naturel de Kellerwald-Edersee

Nager, faire de la voile, de la randonnée, se promener et faire une cure - tout cela est possible dans le parc naturel de Kellerwald-Edersee qui s'étend dans une des régions les plus riches en diversité du Kurhessisches-Bergland.
Le cœur de cette région est le parc national du même nom sur la bordure septentrionale duquel serpente le lac d'Edersee. Le château de Waldeck surplombe de 200m le lac de barrage long de 27 km qui, en été surtout, attire de nombreux visiteurs – de l'étranger aussi. De là, on a une vue de rêve sur les montagnes boisées du parc national. À quelques kilomètres seulement se trouve Bad Wildungen qui invite à faire une cure ou tout simplement à flâner. La vertu curative des sources de Wildungen était déjà connue au 14e siècle. Un peu plus à l'est, on atteint la vieille ville impériale de Fritzlar où a débuté en 724 la christianisation des tribus du nord et du centre de la Germanie lorsque Boniface a abattu le chêne de Thor.

Edersee

Von der Promenade der Staumauer aus eröffnet sich dieser Blick über den Edersee.

The promenade of the dam enables this view of the lake.

Vue sur le lac d'Edersee à partir de la promenade du barrage.

Staumauer

Die Edersee-Staumauer wurde bereits in den Jahren 1908 bis 1914 gebaut, um der Weserschifffahrt ausreichend Wasser zuzuführen. Im Zweiten Weltkrieg zerstörten am 17. Mai 1943 britische Bomber die Sperrmauer, wodurch 160 Millionen Liter Wasser ins Edertal strömten und 47 Menschen den Tod brachten.

The dam of Edersee was built even between 1908 and 1914, in order to supply enough water for the navigation on the Weser river. In World War II, British bombers destroyed the dam on May 17, 1943, and 160 million of water rushed into the Eder valley, by what 47 people were killed.

Le barrage du lac d'Edersee a été construit de 1908 à 1914 afin de faciliter la navigation sur la Weser. Le barrage a été détruit le 17 mai 1943 par des bombardements britanniques entraînant le déversement de 160 millions de m³ d'eau dans la vallée de l'Eder et la mort de 47 personnes.

Schloss Waldeck

Das Wahrzeichen des Edersees, Schloss Waldeck, bestand vermutlich schon Ende des 11. Jahrhunderts als Burg und war Stammsitz der Grafen von Waldeck. Heute beheimatet das Schloss ein Hotel und Restaurant sowie ein ganzjährig geöffnetes Café .

The landmark of lake Edersee, Castle Waldeck, had supposedly existed even by the end of the 11th century as a fortified castle and it was the ancestral seat of the counts von Waldeck. Nowadays, the castle houses a hotel, a restaurant as well as a cafe that is open all year.

L'emblème du lac d'Edersee, le château de Waldeck, existait vraisemblablement déjà à la fin du 11e siècle comme château-fort et était la résidence des comtes de Waldeck. Le château abrite aujourd'hui un hôtel-restaurant ainsi qu'un café ouvert toute l'année.

Bad Wildungen

Fürstenhof

Der repräsentative Fürstenhof in Bad Wildungen war früher ein Luxushotel, in dem vor allem Angehörige des russischen Adels während ihrer Kur verkehrten. Heute wird das Gebäude als Klinik genutzt.

The representative Fürstenhof (prince's court) in Bad Wildungen was formerly a luxury hotel, where above all members of the Russian aristocracy used to stay during their cures. At present, the building has been used as a clinic.

L'imposant Fürstenhof était autrefois un hôtel de luxe de Bad Wildungen que fréquentaient surtout des membres de l'aristocratie russe durant leur cure . Le bâtiment abrite aujourd'hui une clinique.

Blumenkorso

Höhepunkt des jährlichen Veranstaltungskalenders von Bad Wildungen ist das Stadtfest im Spätsommer. Alle zwei Jahre findet dabei ein großer Blumenkorso statt, den jeweils rund 50 000 Besucher verfolgen.
Dieser Motivwagen nennt sich „Margaretha von Waldeck – Schloss Friedrichstein" und zeigt das Waldecker Wappen.

The highlight of Bad Wildungen's yearly calendar of events is the public festival in late summer. Every two years, a great flower parade takes place, which is watched by some 50 000 people. This decorated trailer was named "Margaretha von Waldeck – Schloss Friedrichstein" and it shows the coat of arms of Waldeck.

Le point culminant du calendrier des manifestations annuelles de Bad Wildungen est la fête de la ville à la fin de l'été. Tous les deux ans a lieu à cette occasion un grand corso fleuri auquel assistent à chaque fois environ 50 000 personnes. Ce char décoré s'appelle «Margaretha von Waldeck- Château de Friedrichstein» et montre les armes de la ville.

Kurschattenbrunnen

Der Bad Wildunger Kurschattenbrunnen bildet das Zentrum der Promenade zwischen Altstadt und Kurviertel. Er wurde in den 1980er Jahren errichtet.

A copy of the reality: The "holiday romance" fountain of Bad Wildungen.

Les liaisons passagères nouées pendant une cure ont livré le motif de cette fontaine de Bad Wildungen.

Fritzlar

Dom

Wahrzeichen Fritzlars ist der St.-Petri-Dom, eine romanisch-gotische Stiftskirche. Erbaut wurde sie etwa um 1085 bis 1118, später erfolgten noch einige Um- und Anbauten. Seit 2004 ist der Dom päpstliche Basilika.

The landmark of Fritzlar is St Peter's Cathedral, a Romanesque-Gothic collegiate church. It was built by 1085 till 1118, some reconstructions and extensions were made later on. The cathedral was appointed pontifical basilica in 2004.

La cathédrale Saint-Pierre, une collégiale de style roman et gothique, est l'emblème de Fritzlar. Construite entre 1085 et 1118, elle a été par la suite plusieurs fois transformée et agrandie. La cathédrale est depuis 2004 basilique papale.

Kaiserfest

Wegen seiner großen Vergangenheit im Mittelalter – unter anderem waren Karl der Große und Heinrich „der Vogler" in der Stadt – feiert Fritzlar alle zwei Jahre am dritten August-Wochenende das sogenannte Kaiserfest. Dabei kann man in der Altstadt einen mittelalterlichen Markt erleben.

Due to its great past during the Middle Ages – among others, emperors Charlemagne and Henry "the bird catcher" paid a visit to the town – Fritzlar celebrates the so-called Kaiserfest (emperor festival) every two years at the third weekend of August. A medieval market can be experienced in the old town centre then.

En raison de son glorieux passé médiéval – avec entre autres les visites de Charlemagne et d'Henri l'Oiseleur- la ville de Fritzlar célèbre tous les deux ans, pendant le troisième week-end d'août, la «fête impériale». Un marché médiéval est organisé à cette occasion dans la vieille ville.

Spitzenhäuschen

In dieser Gasse steht das ungewöhnlichste Haus Fritzlars, das 1415 erbaute Spitzenhäuschen (rechts). Durch fehlerhafte Eingriffe in die Statik war im Lauf der Zeit die Nordfassade abgesackt, so dass keine Wand und keine Decke mehr im Lot ist.

The most unusual house of Fritzlar can be discovered in this alley, Spitzenhäuschen (little tip house). Caused by faulty operations without considering the statics, the northern façade sank down and no wall and no ceiling are plumb any longer.

Dans cette ruelle se trouve la maison la plus insolite de Fritzlar, la «Spitzenhäuschen» (à droite) construite en 1415. Des interventions malheureuses sur la statique du bâtiment ont provoqué l'affaissement progressif de sa façade nord de sorte que tous ses murs et plafonds sont maintenant de guingois.

Borken

Rathaus

Auch die Stadt Borken, anfangs eine Burg, kann sich auf Karl den Großen berufen - jedenfalls erscheint sie erstmals in einer Schenkungsurkunde des Kaisers aus dem Jahre 775. Hier das 1611 in Fachwerkbauweise errichtete historische Rathaus.

The town of Borken, a castle in the beginning, goes back to Charlemagne as well – it was mentioned for the first time in a gift document of the emperor dating from the year 775. The historical town hall, half-timbered and constructed in 1611, is shown here.

La ville de Borken, à l'origine un château-fort, remonte elle aussi à Charlemagne- elle apparaît du moins pour la première fois dans un acte de donation de l'empereur datant de 775. Ici, l'hôtel de ville à colombages bâti en 1611.

Niederurff

Der Bad Zwestener Ortsteil Niederurff feierte 2010 sein 925-jähriges Bestehen und bot dazu Besuchern Führungen an.

Niederurff, a district of Bad Zwesten, celebrated its 925th anniversary in 2010 and offered guided tours to visitors.

Des visites guidées de Niederurff ont été organisées en 2010 à l'occasion des 925 ans de ce quartier de Bad Zwesten.

Bad Zwesten
Rathaus

Bad Zwesten, in den östlichen Ausläufern des Kellerwalds gelegen, ist vor allem durch seine Mineralquelle bekannt, aus der ein Sprudel gewonnen wird. Sehenswert ist das mittelalterliche Rathaus. Erstmals urkundlich erwähnt wurde Zwesten bereits im Jahr 817.

Bad Zwesten, located in the eastern foothills of Kellerwald, is mainly known for its spring, from which a mineral water has been produced. The medieval town hall is worth to see.

Située sur les contreforts Est du Kellerwald, Bad Zwesten est surtout connue pour sa source d'eau minérale à partir de laquelle est fabriquée une eau minérale gazeuse. L'hôtel de ville médiéval vaut la peine d'être vu.

Züschen

Ein beliebtes Ausflugsziel ist Schloss Garvensburg bei Züschen, das sich vor etwa 100 Jahren ein betuchter Privatmann baute. Heute ist es Hotel, Restaurant und Café. Die kostümierten Personen sind Mitglieder der Vereinigung „Victorias Enkel“, die sich mit Mode und Lebensart im 19. Jahrhundert beschäftigen. Auf der Garvensburg traf man sich zu einem „Hausball“.

A popular outing destination is Castle Garvensburg near Züschen. It was built about 100 years ago by a wealthy private individual. At present, it serves as a hotel, restaurant and cafe.

Le château de Garvensburg, construit il y a environ 100 ans près de Züschen par un riche particulier, est un but d'excursion apprécié. Il abrite aujourd'hui un café, un restaurant et un hôtel.

Die einzige Hanse-Stadt Hessens

Auf eine über 1000 Jahre lange und sehr bewegte Geschichte kann Korbach zurückblicken, das zur Ferienregion Waldecker Land gehört. Es ist die einzige Stadt Hessens, die im Mittelalter dem norddeutschen Hansebund angehörte. Erstmals als Hanse-Mitglied erwähnt wurde Korbach im Jahr 1469. Die Stadt lag damals am Schnittpunkt der Handelswege Köln-Leipzig und Frankfurt-Bremen, wodurch Handwerk und Handel rasch aufblühten. Im 30-jährigen Krieg musste die Stadt jedoch schwere wirtschaftliche Verluste hinnehmen, und zudem vernichtete 1664 eine Feuersbrunst fast alle Wohnhäuser. Erhalten gebliebene steinerne Lagerhäuser und mittelalterliche Befestigungsanlagen sind noch heute Zeugnisse der Macht Korbachs und des Wohlstandes seiner Bürger zur Zeit der Hanse.

The only Hanseatic town of Hesse

Korbach, situated in the holiday region of the Waldeck region, can look back at a more than 1000-year-old and very changeful history. It is the only town in Hesse, that was part of the North German Hanseatic Union of the Middle Ages. Korbach's first documented mentioning as a Hanseatic member was registered in 1469. At that time, the town was located at the crossing point of the trade routes Cologne-Leipzig and Frankfurt-Bremen, by what crafts and trade blossomed up considerably. During the Thirty Years' War, however, the town had to suffer severe economic losses and more than that, a conflagration destroyed almost all residential buildings in 1664. Stone warehouses and medieval fortifications have remained and are still witness to the power of Korbach and to the wealth of its citizens during the Hanseatic epoch.

La seule ville hanséatique de Hesse

L'histoire très agitée de Korbach, qui est située dans la région touristique du Waldecker Land, est longue de plus 1000 ans. Seule ville de Hesse à avoir fait partie au Moyen Âge de l'association de la Hanse, elle a été citée pour la première fois en tant que telle en 1469. La ville se trouvait à l'époque au carrefour des voies commerciales Cologne-Leipzig et Francfort-Brême ce qui a permis un essor rapide de son artisanat et de son commerce. La guerre de Trente Ans a cependant fait subir de gros revers économiques à la ville qui a perdu en outre presque toutes ses maisons d'habitation lors du grand incendie de 1664. Seuls des entrepôts en pierre et les fortifications médiévales, témoins aujourd'hui encore de la puissance de Korbach et de la prospérité de ses habitants à l'époque de la Hanse, ont été épargnés.

Korbach

Rathaus

Das repräsentativste der alten Korbacher Steinhäuser ist wohl das 1377 erbaute Rathaus. Bei der Feuersbrunst von 1664 war es zwar ausgebrannt, aber von 1702 bis 1706 wiederaufgebaut worden. Am Torbogen steht die Figur des Korbacher Rolands, der im Mittelalter das Symbol für die städtische Gerichtsbarkeit war.

Korbach's most representative old stone house is the town hall of 1377, supposedly. Although it burnt out in the blaze of 1664, it was reconstructed between 1702 and 1706. The statue of Korbach native Roland stands at the archway – he was a symbol of the municipal jurisdiction in the Middle Ages.

La plus imposante des vieilles maisons en pierre de Korbach est certainement son hôtel de ville bâti en 1377. Entièrement détruit lors de l'incendie de 1664, il a été reconstruit de 1702 à 1706.
La statue de Roland, symbole au Moyen Âge de la juridiction municipale, orne les arcades de son portail.

Willingen

Im westlichen Zipfel Nordhessens liegt, von Nordrhein-Westfalen fast vollständig umschlungen, in 550 Metern Höhe der Wintersportort Willingen. Inmitten der Hausberge Ettelsberg, Iberg und Orenberg verbindet er das Sauerland mit dem Waldecker Land. Die Region im sogenannten Upland gilt als führendes Urlaubszentrum des Hochsauerlandes, in das auch viele Gäste aus dem Ausland kommen. Vom Frühjahr bis in den Herbst hinein ein Paradies für Wanderer, zieht Willingen im Winter die Ski-Sportler an, seien es nun Abfahrts- und Langläufer oder Ski-Springer. Die Besten von ihnen stürzen sich beim Skisprung-Weltcup von der traditionsreichen Mühlenkopfschanze aus in die Tiefe. Willingen ist außerdem heilklimatischer Kurort und Kneippheilbad.

The winter sports resort of Willingen at a level of 550 metres is located in the western corner of North Hesse, nearly completely surrounded by North Rhine-Westphalia. Amidst the local mountains Ettelsberg, Iberg and Orenberg, Willingen connects the regions of Sauerland and Waldeck. The area of the so-called Upland is considered the leading holiday centre of Hochsauerland, which has also been frequented by many guests from abroad. Being a paradise for hikers from spring till autumn, Willingen attracts the skiers in winter: downhill, cross-country and ski-jumping are all available. During the ski-jumping Worldcup, the best ones rush down from Mühlenkopfschanze, which is rich in tradition. In addition to that, Willingen is a Kneipp spa and a health resort.

Tout à l'ouest du nord de la Hesse, et presque entièrement encerclée par la Rhénanie-du-Nord-Westphalie, se trouve la station de sport d'hiver de Willingen qui est située à 550 mètres d'altitude. Entourée par les monts Ettelsberg, Iberg et Orenberg, elle relie le Sauerland au Waldecker Land. Cette région de l'«Upland» passe pour le principal centre touristique du Hochsauerland et accueille également de nombreux touristes étrangers. Willingen est du printemps à l'automne un paradis pour les randonneurs et attire en hiver les amateurs de ski - qu'il s'agisse de descente et de ski de fond ou de saut à ski. Lors des championnats du monde de saut à ski, les meilleurs de cette discipline dévalent le célèbre tremplin de Mühlenkopf. Willingen est en outre station climatique et hydrothérapique (Kneipp).

Ettelsberg Seilbahn

Eine moderne Seilbahn bringt die Besucher in geräumigen Panorama-Kabinen auf den 838 Meter hohen Ettelsberg. Die Bergstation ist Ausgangspunkt für weite Wanderungen oder Ski-Touren. Unterwegs mit der Seilbahn, bietet sich ein weiter Blick zurück ins Tal.

A modern cable car transports the guests in spacious panorama cabins to the 838-metre-high mountain Ettelsberg. The top station is the starting point for long hikes or ski tours.

Un téléphérique moderne aux cabines panoramiques spacieuses mène ses passagers au sommet du mont Ettelsberg haut de 838 mètres. La station est le point de départ de grandes randonnées à pied ou à skis. Le trajet en téléphérique offre une vue étendue de la vallée.

Hochheideturm

Die verglaste Plattform des Hochheideturms auf dem Ettelsberg ist mit 875 Metern der höchste Aussichtspunkt in Nordwestdeutschland.

The glazed platform of Hochheide Tower on Ettelsberg at a level of 875 metres is the highest vantage point of North-West Germany.

Située à une altitude de 875 mètres, la plate-forme vitrée de la tour Hochheideturm du mont Ettelsberg est le point de vue panoramique le plus élevé du nord-ouest de l'Allemagne.

Ettelsberghütte

Ein weithin bekanntes Original ist „Siggi", der Wirt der Ettelsberghütte. Sein Holzhaus, auch „Siggis Hütte" genannt, ist eher einem Schweizerischen Almhaus ähnlich. Mit so manchem Spaß unterhält „Siggi" seine Gäste und greift dabei auch mal zu seinem Alphorn.

A well-known original is "Siggi", landlord of restaurant Ettelsberghütte. His wooden house, also called "Siggi's Hütte", looks like a Swiss alpine hut. "Siggi" likes to entertain his guests with lots of jokes and sometimes he blows his alpenhorn.

Un original bien connu dans la région est «Siggi», le patron du café-restaurant Ettelsberghütte qu'on appelle aussi «la cabane de Siggi» et qui ressemble plutôt à un chalet suisse.«Siggi» est un boute-en-train qui n'hésite pas à jouer parfois du cor alpin pour divertir ses clients.

Diemelsee

Nordöstlich des Uplandes erstreckt sich zwischen Willingen und Marsberg und ziemlich genau auf der Grenze Hessens und Nordrhein-Westfalens der Diemelsee. Er ist Mittelpunkt des Naturparks Diemelsee. Wie die Eder- wurde auch die Diemeltalsperre zugunsten der Weserschifffahrt gebaut. Der „kleine Bruder“ des Edersees, umgeben von bewaldeten Bergen, ist ein gutes Areal für Kanu-Fahrer, Segler und Surfer. In Heringhausen gibt es ein Strandbad.

Lake Diemel

Lake Diemel is located north-east of the Upland area between Willingen and Marsberg, almost exactly on the border of Hesse and North Rhine-Westphalia. It is the centre of National Park Diemelsee. Just like dam Edertal, the Diemel dam was constructed for the navigation on the Weser river. The “little brother” of lake Edersee, surrounded by wooded hills, is a nice area for canoeing, sailing, and surfing. An outdoor swimming pool at the lake is located in Heringhausen.

Lac de la Diemel

Dans le nord-est de l’Upland, entre Willingen et Marsberg et à la frontière de la Hesse et de la Rhénanie-du-Nord-Westphalie s’étend le lac de la Diemel, le cœur du parc naturel de Diemelsee. Le barrage de la Diemel a été construit, tout comme celui de l’Eder, pour faciliter la navigation sur la Weser. Le «petit frère» du lac de l’Eder est entouré de monts boisés et est un site idéal pour canoéistes, plaisanciers et surfeurs. Heringhausen possède une plage.

Naturnahe Wiesenauen gehören zum Uferbild des Diemelsees. Wer in See stechen will, kann dies mit einem Motorschiff tun, oder er mietet sich ein Boot.

Meadows close to nature are part of lake Diemel. Those who want to explore the lake, can rent a boat.

Les prairies naturelles sont caractéristiques des rives du lac de la Diemel. Qui veut faire un tour sur le lac peut aussi louer un bateau.

Bad Arolsen

Repräsentativer Mittelpunkt von Bad Arolsen ist das Barockschloss, die frühere Residenz der Fürsten zu Waldeck und Pyrmont. Es ist auch heute noch Wohnsitz der Adelsfamilie, die verwandtschaftliche Beziehungen zum niederländischen Königshaus hat. Im Schloss wird eine Dauerausstellung von Arbeiten bekannter Künstler angeboten, dazu kommen wechselnde Ausstellungen unterschiedlicher Themen. Sommerlicher Höhepunkt sind jedes Jahr die Bad Arolser Barockfestspiele, wobei vor prächtiger Schlosskulisse meist klassische Konzerte gegeben werden.

The representative centre of Bad Arolsen is the Baroque castle, former seat of the princes zu Waldeck und Pyrmont. Up to now it has remained the residence of the noble family, which is related to the Dutch royal house. A permanent exhibition of works by renowned artists has been offered in the castle, completed by changing exhibitions of various themes. The summerly highlight every year is the Bad Arolsen Baroque Festival, when above all concerts of classical music are played in front of a magnificent castle scenery.

Au centre de Bad Arolsen se dresse l'imposant château baroque où résidaient autrefois les princes de Waldeck-Pyrmont. Il est encore aujourd'hui la résidence de cette famille de la noblesse qui a des liens de parenté avec la maison royale des Pays-Bas. Le château abrite une exposition permanente d'œuvres d'artistes connus ainsi que des expositions temporaires à thèmes variés. Le point culminant de l'été est le festival baroque de Bad Arolsen lors duquel sont donnés des concerts de musique la plupart du temps classique devant les coulisses magnifiques du château.

Residenzschloss

Blick auf die zwischen 1710 und 1729 entstandene dreiflügelige Schlossanlage mit einem nach Süden offenen Ehrenhof, entworfen von Julius Ludwig Rothweil.

View of the three-winged castle complex with a court of honour, open to the south.

Vue sur le château à trois ailes avec sa cour d'honneur ouverte au sud.

Volkmarsen

Kugelsburg

Die Ruine der Kugelsburg bei Volkmarsen ist ein beliebtes Ziel von Wandergruppen. Die Burg wurde um 1200 erbaut und hatte in der Folgezeit viele Belagerungen durchzustehen, bis sie 1758 im Siebenjährigen Krieg fast vollständig zerstört wurde.

The ruins of castle Kugelsburg near Volkmarsen are a popular destination of hiking groups. The castle was built around 1200 and had to suffer numerous sieges before it was destroyed almost completely in 1758 during the Seven Years' War.

Les ruines du Kugelsburg, près de Volkmarsen, sont un but de randonnée apprécié. Construit vers 1200, le château a été souvent assiégé par la suite et presque entièrement détruit en 1758, lors de la guerre de Sept Ans.

Twistesee

Zwischen Bad Arolsen und Volkmarsen liegt, in waldreicher Umgebung, der kleine Twiste-Stausee. Seine exzellente Wasserqualität macht ihn zu einem großen Natur-Badebecken. Neben Boot fahren und Segeln kann man auf dem See, wenn es im Winter knackig kalt ist, auch Schlittschuh laufen.

The small reservoir Twiste is situated in a wooded area between Bad Arolsen and Volkmarsen. Due to its excellent water quality, it can be used as a big natural pool. Besides boating and sailing, even ice skating can be done in the wintertime, when it's freezing cold.

Entre Bad Arolsen et Volkmarsen, entouré de forêts, se trouve le petit lac de barrage de la Twiste. L'excellente qualité de son eau fait de lui un grand bassin de baignade naturel. On peut y faire du bateau à moteur ou de la voile et aussi, quand il gèle en hiver, du patin à glace.

Siedlungsraum von Kelten und Chatten

Die vorletzte Station unserer Rundreise durch Nordhessen ist der Naturpark Habichtswald, der den eigentlichen Habichtswald umfasst, einen Mittelgebirgsrücken westlich von Kassel. International bekannt geworden ist der Naturpark durch den Kasseler Bergpark Wilhelmshöhe, der Teil des Habichtswalds ist. Kulturgeschichtlich bedeutsam ist die Region außerdem durch zahlreiche Burgen, die meist nur als Ruinen überkommen sind, und durch Spuren einer vorgeschichtlichen Besiedlung. Noch heute erkennbare Ringwälle etwa auf dem Hohen Dörnberg und bei Niedenstein zeugen von befestigten Höhensiedlungen der Kelten. Der Naturpark umfasst auch Teile des sogenannten Chattengaus, des Stammesgebiets der germanischen Chatten.

Area of settlement of Celts and Chatti

The station before last of our tour around North Hesse is National Park Habichtswald (hawks' forest), which covers the Habichtswald itself, a mountain ridge west of Kassel. The National Park became internationally known by Bergpark Wilhelmshöhe in Kassel, which is part of Habichtswald. With regard to the history of civilization, this region is of importance because of numerous castles, mostly in ruins now, and due to finds of prehistoric settlement. Ring-shaped ramparts on Hoher Dörnberg and near Niedenstein, for example, are witness to Celtic settlements in mountainous areas.

Zone de peuplement des Celtes et des Cattes

L'avant-dernière station de notre périple à travers le nord de la Hesse est le parc naturel du Habichtswald qui est en fait constitué par la forêt de Habichtswald, une crête de moyenne montagne à l'ouest de Kassel. Le parc naturel est connu à l'étranger grâce au parc de Wilhelmshöhe. D'un point de vue historique et culturel, la région tire son importance de ses nombreux châteaux-forts pour la plupart en ruine et de traces de peuplement préhistorique. Des marques encore reconnaissables de fortifications en altitude comme celles du Hoher Dörnberg ou celles près de Niedenstein témoignent de la présence d'habitats fortifiés celtiques. Le parc naturel comprend également des parties du «Chattengau», le territoire des Cattes germaniques.

Habichtswald

Wintermärchen Habichtswald: Der Mittelgebirgsrücken im Westen Kassels mit seiner höchsten Erhebung, dem 614 Meter Hohen Gras, trägt oft noch Schnee, wenn er in den Tälern bereits weggetaut ist. So ist der Habichtswald ein beliebtes Ziel nicht nur für Wanderer, sondern auch für Wintersportler. Am Hohen Gras gibt es sogar einen Ski-Lift. Hier der Fußweg von Elfbuchen zum Herkules, der hoch über der Stadt den Habichtswald und den Kasseler Bergpark Wilhelmshöhe krönt.

Winter wonderland Habichtswald: The low mountain ridge in the west of Kassel with its highest elevation, the 614-metre-high Hohes Gras (high grass), is often still snow-covered although it has even melted away in the valleys. This is why Habichtswald is a popular destination not only for hikers, but for winter sportsmen as well. There is even a ski-lift on Hohes Gras. Here the footpath from Elfbuchen to Hercules, crowning Habichtswald and Kassel's Bergpark Wilhelmshöhe high above the city.

Un paysage de conte d'hiver: la crête de moyenne montagne de l'ouest de Kassel culmine à Hohes Gras (614m) et est souvent encore recouverte de neige quand celle-ci a déjà fondu dans les vallées. C'est pourquoi le Habichtswald est apprécié des randonneurs comme des amateurs de sport d'hiver. Hohes Gras possède même un remonte-pente. On voit ici le chemin menant d'Elfbuchen à Herkules qui domine la ville et couronne le Habichtswald et le parc de Wilhelmshöhe.

Zierenberg

Das um 1450 errichtete Zierenberger Rathaus ist das älteste Fachwerk-Rathaus in Hessen. Nahe der Stadt erhebt sich der Hohe Dörnberg.

Zierenberg

The town hall of Zierenberg is the oldest half-timbered town hall in Hesse.
The mountain Hoher Dörnberg arises near the town.

Zierenberg

L'hôtel de ville de Zierenberg est la plus ancienne mairie à colombages de Hesse. Près de la ville se dresse le mont Hoher Dörnberg.

Gut Bodenhausen

Unweit von Zierenberg lenkt ein bauliches Schmuckstück die Blicke der Vorbeifahrenden auf sich: das prächtige und mit freundlichen Farben bemalte Torhaus des Gutes Bodenhausen. Die Gebäude wurden 1649 errichtet und 1834 umgebaut. Erstmals urkundlich erwähnt wurde das Anwesen jedoch schon im Jahr 1088 als „Botinhusun". Es wurde damals vom Kloster Hasungen bewirtschaftet. Heute befindet sich auf dem Gut auch ein Ponyhof.

Not far from Zierenberg, an architectural treasure attracts the looks of those passing by: the magnificent and brightly painted gate house of mansion Bodenhausen. The building was erected in 1649 and remodelled in 1934. However, the premises were mentioned in documents even in the year 1088 as "Botinhusun". It was run by the monastery of Hasungen then.

Non loin de Zierenberg, un joyau architectural attire sur lui le regard des passants: la magnifique maison aux couleurs avenantes située à l'entrée du domaine de Bodenhausen. Le bâtiment construit en 1649 a été tranformé en 1834. Le domaine a cependant été mentionné pour la première fois en 1088, sous le nom de «Botinhusun». Il était alors exploité par le monastère de Hasungen.

Bad Emstal

Balhorn

Erste Zeugnisse der Wehrkirche von Balhorn, einem Ortsteil von Bad Emstal, sind Ende des 15. Jahrhunderts datiert. Balhorn selbst wurde bereits 774 in einem Kirchenbuch des Stifts Hersfeld erwähnt. Fundstücke und Urnengräber aus der Bronzezeit belegen, dass der Ort schon davor besiedelt wurde. Die Wehrkirche erhielt ihr heutiges Aussehen durch einen barocken Neubau zwischen 1742 und 1748.

The first testimonies to the fortified church of Balhorn, a quarter of Bad Emstal, date from the end of the 15th century. Balhorn itself was mentioned in a church book of monastery Hersfeld even in 774. Finds and urn graves from the Bronze Age prove that this place was settled even before.

Les premiers témoignages concernant l'église fortifiée de Balhorn, un quartier de Bad Emstal, datent de la fin du 15e siècle. Balhorn lui-même a été mentionné dès 774 dans un registre de la collégiale de Hersfeld. Des objets trouvés lors de fouilles et des tombes datant de l'âge du fer prouvent que l'endroit était déjà habité auparavant.

Naumburg

In unmittelbarer Nachbarschaft zu Bad Emstal liegt Naumburg, das 1206 die Stadtrechte erlangte. Die katholische Stadtpfarrkirche St. Crescentius stammt aus dem 14. Jahrhundert.

Naumburg

Naumburg, which received the town charter in 1206, is situtated in the close neighbourhood of Bad Emstal. The Catholic parish church St Crescentius dates back to the 14th century.

Naumburg

Dans le voisinage immédiat de Bad Emstal se trouve Naumburg qui a obtenu le statut de ville en 1206. L'église catholique paroissiale Saint-Crescent date du 14e siècle.

Hessencourrier

Zwischen Naumburg und Kassel verkehrt zwischen Frühjahr und Herbst die hessische Museumseisenbahn, der Hessencourrier, hier aufgenommen kurz hinter Breitenbach.

The Hessian museum railway Hessencourier runs between Naumburg and Kassel from spring to autumn, photographed here close behind Breitenbach.

Entre Naumburg et Kassel circule le «Hessencourrier» de printemps à automne, un train historique photographié ici tout près de Breitenbach.

Baunatal

Marktplatz

Beflügelt durch die Produktionsaufnahme im neuen VW-Werk in Altenbauna, entstand 1964 durch den Zusammenschluss mehrerer Gemeinden die prosperierende Mittelstadt Baunatal südlich von Kassel. Eine moderne Bebauung prägt den Marktplatz.

Stimulated by the start of production in the new VW works in Altenbauna, the prosperous town of Baunatal, in the south of Kassel, came into being by the association of several municipalities. The market square is characterized by modern buildings.

À la faveur de la mise en exploitation de la nouvelle usine VW d'Altenbauna a été créée au sud de Kassel en 1964, après la fusion de plusieurs communes, la ville prospère de Baunatal. La caractéristique de la place du Marché est son architecture moderne.

Märchenbrunnen

Der Märchenbrunnen im Zentrum Baunatals erinnert an die Märchenerzählerin Dorothea Viehmann. Sie wurde am 8. November 1755 in Rengershausen (Baunatal) in der Knallhütte geboren, in der sich schon damals eine Brauerei mit Gasthaus befand. Gut 50 Jahre später kam Dorothea Viehmann in Kontakt mit den damals in Kassel lebenden Brüdern Grimm und erzählte ihnen Märchen und Sagen, die sie im Gasthaus von durchziehenden Handwerksburschen und Kaufleuten gehört hatte. Die Grimms verarbeiteten den Stoff zu mindestens 36 Märchentiteln.

The Fairy Tale Fountain in the centre of Baunatal commemorates Dorothea Viehmann, a teller of fairy tales. She was born on 8th November, 1755 in Rengershausen (Baunatal) in Knallhütte, where even then a brewery and an inn were to be found. Some 50 years later, Dorothea Viehmann got in touch with the Grimm brothers, who lived in Kassel at that time, and she told them fairy tales and legends she had heard in the inn from travelling merchants and journeymen. The Grimm brothers used this material for at least 36 fairy tale titles.

La fontaine du centre de Baunatal rappelle le souvenir de la conteuse Dorothea Viehmann née le 8 novembre 1755 à Rengershausen (Baunatal), à la Knallhütte qui abritait déjà une brasserie avec auberge. Elle est entrée bien 50 ans plus tard en contact avec les frères Grimm qui habitaient alors à Kassel et leur a rapporté les contes et les légendes qu'elle avait entendu raconter par les artisans et les marchandes de passage à l'auberge. Les frères Grimm ont tiré environ 36 contes de ces récits.

Wolfhagen

Das Wolfhager Rathaus, ein wuchtiger Fachwerkgerüstbau mit Knüppelwalmdach, brannte im Dreißigjährigen Krieg ab und wurde von 1657 bis 1659 wiederaufgebaut. Es ist der dritte Fachwerkbau auf dem alten steinernen Sockelgeschoss.
Der Märchenbrunnen vor dem Rathaus erinnert an das Grimm'sche Märchen vom „Wolf und den sieben Geißlein".

The town hall of Wolfhagen, a massive half-timbered building with a hipped roof, burned down in the Thirty Years' War and was reconstructed from 1657 till 1659. It is the third half-timbered building on the original stone foundation.
The fairy tale fountain in front of the town hall commemorates the Grimm fairy tale about "the wolf and the seven little goats."

L'hôtel de ville de Wolfhagen, un imposant bâtiment à colombages au toit en croupe, a brûlé pendant la guerre de Trente Ans et a été reconstruit de 1657 à 1659. C'est le troisième bâtiment à colombages édifié sur l'ancien socle de pierre.
La fontaine devant l'hôtel de ville rappelle le conte de Grimm du Loup et des sept Chevreaux.

Calden

Schloss Wilhelmsthal

Das bei Calden unweit Kassels gelegene Schloss Wilhelmsthal gilt als eines der schönsten Rokokoschlösser in Deutschland. Es wurde 1747–1761 erbaut und ab 1770 nach teilweise geänderten Plänen vollendet. Der besondere Reiz des Schlosses liegt in der nahezu unveränderten historischen Raumaufteilung. Der ursprüngliche Rokokopark wurde in späterer Zeit in einen Landschaftsgarten umgeformt. 1762 fand im Siebenjährigen Krieg nahe dem Schloss die Schlacht von Wilhelmsthal statt, die zum endgültigen Abzug der Franzosen aus Nordhessen führte.

Located not far from Kassel, castle Wilhelmsthal is considered one of Germany's most beautiful Rococo castles. It was built from 1747 till 1761, and after 1770 it was finished according to partially modified plans. The castle's particular charm goes back to its almost unchanged historical floor plan. The original Rococo park was redesigned to become a landscape garden later on. During the Seven Years' War, the battle of Wilhelmsthal took place close by the castle, what resulted in the French troops' definite departure from North Hesse.

Près de Calden, non loin de Kassel, se trouve le château de Wilhelmsthal qui passe pour un des plus beaux châteaux rococo d'Allemagne. Il a été construit entre 1747 et 1761 et parachevé après 1770 d'après des plans en partie modifiés. Ce qui fait le charme du château est son agencement d'origine pratiquement inchangé. Le parc rococo initial a été transformé plus tard en un jardin paysagé. En 1762, pendant la guerre de Sept Ans, s'est déroulée à proximité du château la bataille de Wilhelmsthal qui a abouti au retrait définitif des Français du nord de la Hesse.

Vellmar

Ahnepark

Der Ahnepark Vellmars, das an den Norden Kassels grenzt, bietet große Wasserflächen und eine Vielzahl von sportlichen und kulturellen Einrichtungen. Die Gemeinde erhielt 1975 anlässlich der 1200-Jahr-Feier die Stadtrechte: Vellmar wurde bereits 775 n. Chr. als Filmare erwähnt.

The Ahnepark of Vellmar, bordering the north of Kassel, offers a vast expanse of water and a multitude of sporting and cultural facilities. On the occasion of its 1200th anniversary, the municipality received the town charter: Vellmar was mentioned as Filmare even in 775 AD.

Le parc Ahnepark de Vellmar, une ville limitrophe du nord de Kassel, possède de grands plans d'eau et de nombreux aménagements sportifs et culturels. La commune a acquis le statut de ville en 1975, lors des festivités organisées à l'occasion de ses 1200 ans. Vellmar a été mentionnée dès 775 ap. J.-C. sous le nom de Filmare.

Bei Dornröschen und Rapunzel

Zwischen Kassel und Göttingen durchquert die Deutsche Märchenstraße den sagenumwobenen Reinhardswald, ein über 200 Quadratkilometer großes und bis zu 472 Meter hohes Mittelgebirge, das im Osten bis an die Weser heranreicht. Hier trieben in Erzählungen aus alter Zeit Riesen, Kobolde und Trolle ihr Unwesen. Die Sagen inspirierten auch die Brüder Grimm, und so nimmt es nicht Wunder, dass die Region heute unter Märchenland Reinhardswald firmiert. Ausgedehnte Eichen- und Buchenwälder erinnern an die Zeiten des Hutewaldes, als die Bauern noch bis ins 19. Jahrhundert hinein ihr Vieh zum Weiden in den Wald trieben. Ein lebendiges Zeugnis der Hutewirtschaft ist der „Urwald Sababurg", ein 92 Hektar großes Areal neben einem weitläufigen Tierpark.

Close by Sleeping Beauty and Rapunzel

Between Kassel and Göttingen, the German Fairy Tale Route crosses the legendary Reinhardswald, a low mountain range with an area of more than 200 square kilometres at an altitude of 472 metres extending to the Weser river in the east. According to tales from the past, this land was haunted by giants, goblins, and trolls. Those tales inspired the Grimm brothers, too, and it is no surprise that this region was named Fairy Tale Country Reinhardswald. Extensive forests of oak and beech trees remember of the time, when the farmers drove their livestock into the woods for grazing. A living proof of this type of farming is the primeval forest "Urwald Sababurg", an area of 92 hectares beside a spacious zoo.

Chez la Belle au bois dormant et Raiponce

Entre Kassel et Göttingen, la Route allemande des contes traverse la région de légendes du Rheinhardswald, une moyenne montagne de plus de 200km² qui culmine à 472 m et s'étend à l'est jusqu'à la Weser. Dans les récits d'autrefois, le Rheinhardswald était infesté de géants et de lutins. Ces légendes ont inspiré les frères Grimm et il n'est donc pas surprenant que l'on parle aujourd'hui de „la région des contes de fées du Rheinhardswald». De vastes forêts de chênes et de hêtres rappellent le temps où les paysans laissaient encore paître leur bétail dans la forêt. La «forêt vierge du Sababurg» d'une superficie de 92 hectares et un grand parc animalier témoignent aujourd'hui encore de cette pratique passée.

Sababurg

Im 14. Jahrhundert Schutzburg, dann Jagdschloss und nun „Dornröschenschloss" mit Hotel und Restaurant – die Sababurg mitten im Reinhardswald hat in ihrer Geschichte nicht nur ihr Aussehen, sondern auch ihre Funktion verändert. Zur Legende vom „Dornröschenschloss" dürften die Zeichnungen von Otto Ubbelohde beigetragen haben, der die Sammlungen der Brüder Grimm illustrierte und für das Märchen vom Dornröschen die Sababurg als Vorbild nahm.

A fortified castle In the beginning, then a hunting castle and now "Castle of Sleeping Beauty" including hotel and restaurant – Sababurg right in the middle of Reinhardswald has not only changed its appearance, but its functions as well. The legend of the "Castle of Sleeping Beauty" might have been stimulated by the drawings of Otto Ubbelohde, who illustrated the collections of the Grimm brothers and followed the model of Sababurg for the fairy tale of Sleeping Beauty.

Au début château-fort, puis château de chasse et maintenant «château de la Belle au bois dormant» avec hôtel-restaurant - situé au cœur de la forêt de Rheinhardswald, le Sababurg a, au cours de son histoire, non seulement souvent changé d'apparence mais également de fonction. Les dessins d'Otto Ubbelohde, qui s'est inspiré du Sababurg pour illustrer le conte de la Belle au bois dormant pour les collections des frères Grimm, ont certainement contribué à la légende du «château de la Belle au bois dormant».

Tierpark

Der 130 Hektar umfassende Tierpark am Fuße der Sababurg zählt zu den größten und ältesten in Europa. Den Grundstock hatte bereits Landgraf Wilhelm IV. gelegt, als er zwischen 1567 und 1571 einen „Thiergarten" einrichtete. Den Schwerpunkt des Bestandes bilden Tierarten, die vor Jahrhunderten in Deutschland noch in freier Wildbahn lebten wie Wisente, Luchse und Wölfe. Hier ein Falkner bei einer Greifvogelschau.

The zoo of 130 hectares, located at the foot of Sababurg, is one of the biggest and oldest in Europe. It was founded by landgrave Wilhelm IV, who established a so-called "Thiergarten" (animal garden) between 1567 and 1571. The majority of the stock are species of animals that lived wild in Germany several centuries ago, like bison, lynx, and wolf. Here a falconer during a demonstration with birds of prey.

Le parc animalier de 130 hectares situé au pied du Sababurg compte parmi les plus grands et les plus anciens d'Europe. Le landgrave Guillaume IV en avait posé les bases avec la création d'un jardin zoologique entre 1567 et 1571. On y trouve principalement des animaux qui vivaient encore en liberté en Allemagne il y a des siècles tels des bisons, des lynx et des loups. Ici un fauconnier pendant une démonstration avec des rapaces.

Wasserschloss Wülmersen

Das frühere Hofgut Wülmersen, am Nordwestrand des Reinhardswaldes zwischen Trendelburg und Bad Karlshafen gelegen, dient der Aus- und Fortbildung arbeitsloser Jugendlicher. Das Anwesen wurde erstmals 1108 urkundlich erwähnt, als es dem Bischof von Paderborn gehörte.

The former mansion Wülmersen, located at the north-western edge of Reinhardswald between Trendelburg and Bad Karlshafen, has been used for the education of unemployed young people. The premises were mentioned for the first time in a document of 1108, when it was property of the bishop of Paderborn.

L'ancien domaine de Wülmersen, situé en bordure L'ancien domaine de Wülmersen, situé en bordure nord-ouest du Rheinhardswald entre Trendelburg et Bad Karlshafen, abrite un centre de formation pour jeunes chômeurs. La propriété a été mentionnée pour la première fois en 1108, alors qu'elle appartenait à l'évêque de Paderborn.

Trendelburg

Die aus dem 13. Jahrhundert stammende Trendelburg über der gleichnamigen Kleinstadt beherbergt ein Hotel und ein Restaurant. Auch diese Burg wird mit einem Märchen der Brüder Grimm in Verbindung gebracht: Rapunzel soll vom Turm ihren Zopf für den Prinzen heruntergelassen haben.

Castle Trendelburg, dating from the 13th century and situated above the small town of the same name, houses a hotel and a restaurant. This castle, too, has been associated with a fairy tale of the Grimm brothers: Rapunzel is supposed to had her hair let down from the tower for the prince.

Ce château-fort du 13e siècle - qui domine la petite ville du même nom- abrite un hôtel et un restaurant. Il a lui aussi un rapport avec un conte des frères Grimm puisque c'est du haut de sa tour que Raiponce aurait déroulé sa longue tresse pour le prince.

Hofgeismar

Töpfermarkt

Eines der ältesten Siedlungsgebiete in Nordhessen – archäologische Funde datieren bis zu 7000 Jahre zurück - ist die Stadt Hofgeismar. Und im 18. Jahrhundert zählte sie einmal zu den bekanntesten Kurbädern Deutschlands. Unser Bild zeigt den Brunnen auf dem historischen Töpfermarkt, auf dem früher Töpferwaren aus dem Umland angeboten wurden.

One of the oldest areas of settlement in North Hesse – archaeological finds date back up to 7000 years – is the town of Hofgeismar. In the 18th century it was one of the best-known spas of Germany. Our photo shows the fountain at the historical potters market, where earthenware from that region was offered in former times.

La ville de Hofgeismar est une des plus anciennes zones de peuplement du nord de la Hesse - des objets mis à jour lors de fouilles archéologiques font remonter ses origines à 7000 ans. Et au 18e siècle, elle a même fait partie des stations balnéaires les plus connues d'Allemagne. Notre photo montre la fontaine de la vieille place sur laquelle étaient vendues dans le passé des poteries fabriquées dans les environs.

Bad Karlshafen

Im nördlichsten Zipfel Nordhessens, am Zusammenfluss von Weser und Diemel, endet unsere Reise durch das kurhessische Bergland. Bad Karlshafen, seit 150 Jahren Soleheilbad, hat den Beinamen „Die weiße Stadt im Grünen" und gilt als ein Juwel im Weserbergland. Landgraf Karl hatte sie im Jahre 1699 gegründet, um hier hugenottische Glaubensflüchtlinge aus Frankreich anzusiedeln. Weil Karlshafen als Fabrik- und Handelsstadt nach holländischem Muster projektiert war, legte man auch ein großes Hafenbecken an. Die großen Hoffnungen, die der Landgraf mit den Hugenotten verbunden hatte, erfüllten sich jedoch nicht. Gleichwohl haben sie Bad Karlshafen für immer geprägt: Ins Auge fallen neben den typisch weißen Häuserfassaden die symmetrischen Häuserkarrees.

Our voyage through the Hessian Mountainous Land ends in the most northern corner of North Hesse, at the confluence of the rivers Weser and Diemel. Bad Karlshafen, a saltwater spa for 150 years, has the epithet "The white town in green surroundings" and it is considered as a gem of the Weser Mountainous Land. Landgrave Karl founded the town in 1699 in order to create a new home for the Huguenots, religious refugees from France. As a town of trade and factories, Karlshafen had been projected on Dutch models with a great harbour basin. The great expectations that the landgrave had of the Huguenots, did not come true, however. Nevertheless, the Huguenots left their mark in Bad Karlshafen forever: Apart from the typical white building façades, the symmetrical rectangles of houses are quite conspicuous.

C'est à l'extrémité septentrionale du nord de la Hesse, au confluent de la Weser et de la Diemel, que se termine notre voyage à travers le Kurhessisches Bergland. Bad Karlshafen, depuis 150 ans station thermale d'eaux salines, est surnommée «la ville blanche entourée de verdure» et passe pour un joyau du Weserbergland. Le landgrave Charles l'avait fondée en 1699 pour y accueillir des réfugiés huguenots. Karlshafen ayant été conçue sur le modèle hollandais d'une ville manufacturière et commerçante, elle a été aussi dotée d'un grand bassin. Les espérances que le landgrave avait fondées sur les huguenots ne se sont cependant pas réalisées mais ceux-ci ont toutefois marqué pour toujours Bad Karlshafen de leur empreinte avec les typiques façades blanches des bâtiments et la symétrie des pâtés de maison.

Die weiße Stadt

Die Häuserfassaden in der Innenstadt Bad Karlshafens sind, wie zur Zeit der Hugenotten, meistens weiß gestrichen.

Most of the building façades in the town centre of Bad Karlshafen are painted white, like at the time of the Huguenots.

Les façades des maisons du centre-ville de Bad Karlshafen sont la plupart du temps peintes en blanc, comme à l'époque des huguenots.

Weserschifffahrt

Von Bad Karlshafen aus können Schiffsfahrten bis Höxter oder Hann. Münden unternommen werden.

Boat trips can be made from Bad Karlshafen to Höxter or Hann. Münden.

À partir de Bad Karlshafen, il est possible de faire des excursions en bateau jusqu'à Höxter ou Hann. Münden.

Helmarshausen

Oberhalb des Diemel-Orts Helmarshausen liegt die Ruine der einst mächtigen Krukenburg, eine Anlage aus dem 13. Jahrhundert. Unterhalb der Krukenburg kann man sich im Café Kaffee und Kuchen schmecken lassen.

The ruins of the formerly mighty Krukenburg, a castle complex dating from the 13th century, stand above the Diemel village of Helmarshausen. Cake and coffee are available from a cafe located below Krukenburg.

Au-dessus de Helmarshausen, en bordure de la Diemel, se dressent les ruines du château-fort autrefois puissant de Krukenburg datant du 13e siècle. En contrebas du Krukenburg se trouve un Café où il est possible de se régaler avec une tasse de café et des gâteaux.

Diemel

Das Hofgut Stammen in der Nähe von Trendelburg ist Ausgangspunkt für ausgedehnte Kanu-Fahrten auf der idyllischen Diemel. Das „Revier" erstreckt sich bis zur Weser und von da ab bis Hann. Münden und Höxter.

Situé à proximité de Trendelburg, le domaine de Stammen est le point de départ de grandes promenades en canoé dans le cadre romantique de la Diemel. Le «district» s'étend jusqu'à la Weser et de là jusqu'à Hann.Münden et Höxter.

The manor Stammen near Trendelburg is the starting point for extensive canoe tours on the idyllic Diemel river. The "precinct" extends to the Weser river and from there to Hann. Münden and Höxter.

Ebenfalls im Wartberg Verlag erschienen

Hg. Landkreis Kassel,
Deutsche Märchenstraße,
GrimmHeimat Nordhessen

Sagenhaftes aus der Heimat der Brüder Grimm

112 S., geb., zahlr. Farbfotos
ISBN 978-3-8313-2372-2

Thomas Meyer

Die Pflanzen Nordhessens

240 S., geb., zahlr. Farbfotos
ISBN 978-3-8313-2281-7

Tino Sieland

Werratal

72 S. geb., zahlr. Farbfotos
ISBN 978-3-8313-2312-8